Jutta Schian

Du siehst die Wunden und heilst mein Herz

– ein musiktherapeutisches Tagebuch –

Mit einem Vorwort von Danny Plett

Widmung

Dieses Buch widme ich den für mich wertvollsten Menschen auf dieser Welt:

Rainer, Ariane und Salina.

In Gedenken an meine liebe mütterliche Freundin und Seelsorgerin Erika, die im September 2014 zu Jesus nach Hause gegangen ist.

Jutta Schian

Du siehst die Wunden und heilst mein Herz

– ein musiktherapeutisches Tagebuch –

Mit einem Vorwort von Danny Plett

EDITION WORTSCHATZ

Druck und Bindung des vorliegenden Buches erfolgten in Deutschland. Das verwendete Papier ist FSC-zertifiziert. Als unabhängige, gemeinnützige, nicht staatliche Organisation hat sich der Forest Stewardship Council (FSC) die Förderung des verantwortungsvollen und nachhaltigen Umgangs mit den Wäldern der Welt zum Ziel gesetzt.

Die Deutsche Bibliothek verzeichnet diese Publikation in der Deutschen Nationalbibliografie; detaillierte bibliografische Daten sind im Internet über www.d-nb.de abrufbar.

Lektorat und Übersetzung: Daniel Armbruster
Umschlaggestaltung: Dr. Rainer Schian
Portrait: fotografiert von Jürgen Schian
Herzbild: gemalt von Ariane Schian
Satz und Herstellung: Edition Wortschatz, Schwarzenfeld

© 2016 Jutta Schian

Edition Wortschatz im Neufeld Verlag Schwarzenfeld

ISBN 978-3-943362-28-2, Bestell-Nummer 588 849

www.edition-wortschatz.de

EDITION WORTSCHATZ

Inhaltsverzeichnis

Foreword by Danny Plett

As a writer of songs one of my biggest thrills is when people write or tell me that my songs have impacted their lives. I'm always amazed and rendered somewhat speechless when people take the time out of their busy lives to tell or to write me their experiences with one of my songs! I have always tried to be as honest and authentic as I can be when I write. Mostly I write about my love for God and how incredibly amazing He is to me. I write about my fear of abandonment, my doubts, my tears and my joys. I write about the spiritual and psychological healing that I've experienced in my life through my deep faith in Jesus Christ. And I write about the fact that absolutely nothing can separate us from God's love. So many people can identify with these truths. They've lived it themselves and when they discover a song that expresses these deep experiences, that song can become like a friend, speaking the truth to them. I certainly have songs like that in my life that have accompanied me and spoken the truth to me in my life's journey.

In the following pages and chapters Jutta Schian, in a transparent and honest manner, tells the story of her redemption and her emotional healing. I find it encouraging and humbling that God takes something like my little song and uses it in His hand like a brush to paint a beautiful masterpiece of healing, of joy, of strength, of faith and love in the heart, soul and mind of one of His precious children. His truth in any form speaks powerfully. God's truth spoken through song speaks beautifully and deeply.

My favourite song-writer in the world is a writer by the name of David. He wrote many, many years ago, but his songs are as fresh and relevant today as when he wrote them so long ago. His songs are songs of joy, songs of mourning, songs that cry out to God in desperation, depression and giddy joy and dancing. He has been such an inspiration to me over many years and I have learned so much and been so touched by his songs. He often wrote about singing a new song, I think because he loved to write songs so much.

God loves new songs as well. He is forever creative and has given His creativity to his children. He uses music in powerful ways to minister His truth and love. Jutta

Schian has a heart particularly sensitive to music and it is clear from this little book that God has used music, melody, lyrics as His medicine and therapy that has led to the healing of Jutta's memories, emotions and feelings. I hope you draw encouragement from Jutta's honest and simple telling of this part of her story.

My heart trusts in God, and he helps me. My heart leaps for joy, and with my song I praise him. You are my hiding place; you will protect me from trouble and surround me with songs of deliverance. Those who sow with tears will reap with songs of joy.

Psalm 28:7, Psalm 32:7, Psalm 126:5

Danny Plett
Steinbach, Manitoba
February 2016

Vorwort von Danny Plett

Als Liedtexter und Komponist bin ich immer zutiefst berührt, wenn ich von Leuten erfahre, wie meine Lieder ihr Leben beeinflusst haben. Ich bin immer erstaunt und werde irgendwie sprachlos, wenn Menschen in der Hektik ihres Alltags Zeit finden, mir ihre Erfahrungen mit einem meiner Lieder mitzuteilen! Ich habe mich immer bemüht, möglichst ehrlich und authentisch zu schreiben. Meist schreibe ich über meine Liebe zu Gott und darüber, wie Er mich immer wieder in Erstaunen versetzt. Ich schreibe über meine Angst vor Verlassenheit, meine Zweifel, meine Tränen und die Freuden in meinem Leben. Ich schreibe über die spirituelle und seelische Heilung, die ich in meinem Leben durch meinen tiefen Glauben an Jesus Christus erfahren habe. Und ich schreibe über die Tatsache, dass uns absolut nichts von der Liebe Gottes trennen kann. So viele Menschen können sich mit diesen Wahrheiten identifizieren. Sie haben sie selbst erlebt, und wenn sie ein Lied entdecken, das ihre eindringlichen Erfahrungen ausdrückt, kann dieses Lied zu einem Freund werden, der über diese Wahrheit zu ihnen spricht. Es gibt auch in meinem Leben solche Lieder, die mich begleitet und mir die Wahrheiten Gottes auf meinem Lebensweg zugesprochen haben.

Auf den folgenden Seiten und Kapiteln schildert Jutta Schian transparent und ehrlich die Geschichte ihrer Wiederherstellung und ihrer emotionalen Heilung. Das ist ermutigend für mich. Gleichzeitig lässt es mich demütig werden, dass Gott so etwas wie mein kleines Lied nimmt und es in Seiner Hand wie einen Pinsel gebraucht, um damit ein wunderschönes Meisterwerk der Heilung, der Freude, der Stärke, des Glaubens und der Liebe in Herz, Seele und im Geist eines Seiner wertvollen Kinder zu malen. Seine Wahrheit äußert sich auf jede Art vollmächtig. Gottes Wahrheit, ausgedrückt in einem Lied, spricht zu uns in schöner, tiefgründiger Weise.

Mein Lieblingsdichter ist ein Mann namens David. Er schrieb vor vielen, vielen Jahren, aber seine Lieder sind auch heute so frisch und bedeutsam wie zu der Zeit, als er sie schrieb. Es sind Lieder der Freude und der Trauer; Lieder, die zu Gott rufen in Verzweiflung, Depression und kindlicher Freude und Tanz. Er war mir über viele Jahre Inspiration. Ich habe so viel von ihm gelernt, war so tief berührt von seinen Liedern. Er schrieb oft darüber, ein neues Lied zu singen. Ich denke, er tat es deshalb, weil er so gerne Lieder schrieb.

Auch Gott liebt neue Lieder. Er ist immer kreativ und hat Seinen Kindern Seine Kreativität gegeben. Er gebraucht Musik in kraftvoller Weise, um Seine Wahrheit und Liebe zu verkünden. Jutta Schian hat ein besonders sensibles Herz für Musik. Es wird aus diesem kleinen Buch ersichtlich, dass Gott Musik, Melodien und Texte als Seine Medizin und Therapie zur Heilung von Juttas Erinnerungen, Emotionen und Gefühlen nutzte. Ich hoffe, du wirst durch Juttas ehrliche und einfache Art, ihre Geschichte zu erzählen, ermutigt.

Mein Herz traut auf Gott, und Er hilft mir. Mein Herz hüpft vor Freude, und mit meinem Lied preise ich ihn. Du bist mein Zufluchtsort; Du schützt mich vor Schwierigkeiten und umgibst mich mit Liedern der Erlösung. Die mit Tränen säen, werden mit Liedern der Freude ernten.

Psalm 28:7, Psalm 32:7, Psalm 126:5

Danny Plett
Steinbach, Manitoba
Februar 2016
Übersetzung von Daniel Armbruster

Geleitwort von Heike Schimai

Mit Juttas Autobiographie zeigt Gott, wie Heilung möglich ist. Das wichtigste war in diesem Prozess die Entscheidung am Anfang: Das unbedingte Ja zu Gott und das Ja zu Gottes Handeln.

Es ist nicht einfach, den Weg der inneren Heilung zu gehen. Viele Verletzungen und verdrängte Gefühle werden aus der Dunkelkammer ans Licht gebracht. Ich bin mit Jutta diesen Weg gegangen. Wir waren nicht zu zweit, wir waren immer zu dritt. Uns war bei jedem Gespräch sehr bewusst, dass Gott da war, denn er war der Seelsorger und gleichzeitig der Beschützer. Mit Gottes Hilfe war es möglich, die richtigen Worte und Mittel zu finden, die Jutta bei diesem Prozess geholfen haben.

Sehr schnell war Jutta und mir bewusst, dass Juttas „inneres Kind" Hilfe brauchte, um mit der Jutta im Hier und Jetzt eine Beziehung aufzubauen. Hier kommt die Musik ins Spiel; die Musik von Danny Plett hat sehr geholfen und hilft noch jetzt dem „inneren Kind" von Jutta. Die Verletzungen der Kindheit wurden an den richtigen Platz gestellt und büßten ihre Macht über Jutta ein. Damit wurde dem Teufel die Macht genommen, Jutta zu knechten. Je mehr das „innere Kind" bei Jutta hervorkam, desto freier wurde sie. Ich bin Gott sehr dankbar dafür, Jutta bei diesem Prozess begleiten zu dürfen und Zeuge ihrer neu gewordenen Freiheit zu werden. Juttas Geschichte zeigt deutlich, dass Gottes Versprechen „Ich werde dich verändern" und „ Ich brauche nicht so bleiben wie ich bin" Wahrheiten sind. Ich finde es sehr mutig von Jutta, Gottes Willen zu entsprechen und ihre Geschichte in ein Buch zu fassen und es zu veröffentlichen. Ich bete dafür, dass viele durch ihre Geschichte ermutigt und gestärkt werden und mit Gott ihren individuellen Weg finden und auch gehen.

Freiamt, im Februar 2016
Heike Schimai

Teil I – Tagebuch

Du siehst die Wunden[1]

*Du siehst die Wunden und heilst mein Herz. Beugst dich in
meine Not herab und trocknest meine Tränen ab. Du siehst
die Wunden und heilst mein Herz. O, wie wunderbar bist Du.
In mir wächst dein Lob, steigt wie auf Flügeln auf und es
gleitet hin zu deinem Herzen, Herr. In mir wächst dein Lob,
steigt wie auf Flügeln auf. O, wie wunderbar bist du.*

Biographisches

Ich wurde im September 1966 am Niederrhein geboren. Zusammen mit meinen
Eltern und einer jüngeren Schwester wohnten wir in einer ländlichen Umgebung. Wenn ich an meine Kindheit zurückdenke, habe ich mich als ernstes,
schüchternes, ängstliches Mädchen in Erinnerung, das meist mit traurigen
Augen durch den Tag ging. Nach dem Abitur begann ich ein Sozialpädagogik-
studium im Ruhrgebiet, ca. 100 km von meinen Eltern entfernt. Mein Wunsch
war es, beruflich mit Kindern zu arbeiten. Mir fiel die Ablösung vom Elternhaus
sehr schwer. Meine Mutter war sehr liebevoll, aber überbehütend, von meinem
Vater fühlte ich mich nicht angenommen. In mir war der Gedanke ganz stark,
nicht wertvoll zu sein. Dadurch, dass mein Vater für mich nicht wirklich greifbar
war, fühlte ich mich letztlich verlassen, alleingelassen. Außerdem war ich sehr
unselbständig, zurückhaltend und traute mich nicht, mit männlichen Personen
zu reden. So begann ich mein Studium. Aufgrund der nicht so guten Bedin-
gungen im Elternhaus entwickelte sich bei mir Platzangst (Angst vor großen
Plätzen). Nach dieser Diagnosestellung war ich zwei Jahre in psychotherapeuti-
scher Behandlung in einer psychologischen Praxis im Ruhrgebiet.

---

1 Plett, Danny: „Du siehst die Wunden" Originaltitel: „You Heal My Wounds"; Text und Musik: Danny Plett;
Deutscher Text: Arne Kopfermann; Chorsatz: Thomas Wagler © 2000 JANZ Musikverlag adm. by Gerth Medien Asslar

Ich hatte eine gläubige Oma, die bei meinen Eltern mit im Haus wohnte. Ich liebte sie sehr und sie uns Kinder. Sie las uns aus der Bibel vor und betete für uns. In der Teeny-Zeit begann ich nach Gott und dem Sinn des Lebens zu fragen. Im Studium lernte ich in der SMD (Studentenmission Deutschland) Christen kennen. Im November 1989 gab ich Jesus mein Leben. Ich ergriff Seine Hand, die Er mir schon seit Jahren hingehalten hatte. Das war und ist bis heute die beste Entscheidung meines Lebens gewesen!

Gott gab meinem Leben Ziel und Sinn. Und ER heilte vieles in mir. Ich lernte auf Menschen zuzugehen, was für meinen Beruf sehr wichtig war, fand den Mut, mit Männern ins Gespräch zu kommen, erfuhr Wertschätzung von ihnen. Ich beendete mein Studium und begann zu arbeiten.

Nach und nach machte Gott aus mir einen selbstbewussten Menschen, der Freude an seinem Beruf fand. Ich wünschte mir einen liebevollen, gläubigen Ehemann. Erst recht spät lernte ich ihn kennen, als ich 32 Jahre alt war. Auch an dem Punkt musste Gott vorher noch viel heilen, bis ich überhaupt in der Lage war, eine Partnerschaft zu leben. Nach einem Jahr Kennlernzeit heirateten wir im Oktober 1999. Rainer fand als Informatiker Arbeit im wunderschönen Südwesten Deutschlands. Der Umzug fiel mir nach 12 Jahren Ruhrgebiet nicht leicht, und ich reagierte wieder mit Ängsten. Ich begab mich in Seelsorge. Inzwischen sind wir 16 Jahre glücklich verheiratet.

Gott hat uns zwei wunderbare Töchter geschenkt, Ariane (geb. 2003) und Salina (geb. 2006). Sie sind so ganz anders als ich es war: fröhlich und unbeschwert, selbstbewusst, willensstark, leben mit Jesus. Ich freue mich sehr darüber!

Gott hat Wunderbares aus meinem Leben gemacht, ich bin IHM unendlich dankbar dafür. Ich bin – entgegen der heutigen Zeitströmung – aus Überzeugung nicht berufstätig. Ich habe zwei Berufungen: Ehefrau und Mutter. Außerdem bin ich auch in leitender Funktion bei Moms in Prayer (Beten für Kinder und Schulen) aktiv. In unserer Gemeinde, einer Freikirche, leite ich einen Frauenkreis.

Die Beziehung zu meinen Eltern erlebe ich bis heute als schwierig. Als Nachkriegsgeneration hatten sie einen schweren Start ins Leben. Mein Vater erlebte eine Kindheit ohne Elternliebe erfahren zu haben. Aber wie kann man Liebe weitergeben, wenn man gar nicht weiß, was das ist… Meine Mutter erlebte ich als fürsorglich, aber auch sehr vereinnahmend.

Ich habe beiden vergeben. Gott möchte das von uns. Er hat mir durch Jesu Tod alle Schuld vergeben und möchte, dass auch ich vergebe. Und ich weiß, dass ohne Vergebung für mich keine innere Heilung wirklich möglich ist. Gott hat bis zum heutigen Tag Großes in meinem Leben getan, Ihm sei dafür alle Ehre. Eigentlich hatte ich gedacht, nun seien alle inneren Wunden im Großen und Ganzen geheilt, aber Gott sah das anders.

Gott sah noch Wunden und ER schrieb noch einmal eine Geschichte der inneren Heilung in meinem Leben… Eine – wie ich finde – ganz besondere Geschichte, die mich staunen lehrte über Sein Handeln. Ja, Gott ist unglaublich…!

Musik und Musiktherapie

Musik spielte in meinem Leben immer eine wichtige Rolle. Ich halte die Musik für eine sehr kostbare, wunderbare Idee und Schöpfung Gottes. Als Kind lernte ich Blockflöte, später Altblockflöte. Zur Konfirmation bekam ich eine Gitarre geschenkt und lernte Akkordbegleitung. Viele Jahre spielte ich Akkordeon, auch im Orchester. Einige Jahre später nahm ich noch Klavierunterricht, hörte damit aber nach der Geburt unseres ersten Kindes auf, obwohl es immer mein Traum war, Klavier zu spielen. Ich sang viele Jahre in Chören. Ich war 10 Jahre Mitglied in einem Kantorei-Chor und sang u.a. Johann Sebastian Bach (Weihnachtsoratorium) und Händel (Der Messias). Später war ich in einem Gospelchor.

Mich faszinierte immer, was Musik für Auswirkungen haben kann, wie man sie therapeutisch nutzen kann. Deshalb belegte ich bereits im Studium das Fach „Musiktherapie".

In dem Jahr, in dem ich meinen Mann kennenlernte, 1998, begann ich eine berufsbegleitende Fortbildung zur Musiktherapeutin. Ich lernte viel, auch über mich selbst. Seit einigen Jahren arbeite ich einmal in der Woche mit einem Kind kreativtherapeutisch mit dem Schwerpunkt „Musik".

In meiner Teeny-Zeit hatte ich, wie so viele, einen „Star", dessen Musik ich fast ausnahmslos hörte. Es waren Liebeslieder, die meinen Sehnsüchten nach Liebe und Geborgenheit Ausdruck verliehen. Das war für mich meine Musiktherapie, mir tat sie gut. Als ich Christ wurde, nahm für mich die Bedeutung dieser Musik ab und verlor sie ganz, nachdem ich Rainer kennengelernt hatte. Hin und wieder höre ich sie heute noch.

In der Bibel gibt es eine Stelle, in der es auch um Musiktherapie geht: 1. Samuel 16,14–23. Der König von Israel Saul wurde von einem bösen Geist geplagt. Er ließ nach einem Mann suchen, der Harfe spielen kann, in der Hoffnung, dass ihm das helfen würde. Saul lernte den späteren König David kennen, der ihm auf dem Musikinstrument vorspielte. Im Vers 23 heißt es: „Sooft nun der böse Geist von Gott über Saul kam, nahm David die Harfe und spielte darauf mit seiner Hand. So wurde es Saul leichter und es ward besser mit ihm und der böse Geist wich von ihm."

Grundsätzlich ist es so, dass Musik auf Menschen sehr unterschiedlich wirken kann. Die Musik, die mir gut tut, spricht einen anderen Menschen weniger oder gar nicht an.

Dieses Buch ist ein musiktherapeutischer Erfahrungsbericht. Es geht um Lieder, die mir so sehr zum Segen geworden sind, dass sie für mich einen hohen therapeutischen, meiner Seele tief wohltuenden, Wert hatten.

In der Musiktherapie unterscheidet man zwischen rezeptiver Musiktherapie (Musik hören, aufnehmen) und aktiver Musiktherapie (das Spielen von Klangerzeugern). Bei mir ging es stets um das Hören von Musik. Im Anhang habe ich zwei Bücher aufgeführt, die nähere Informationen geben und für einen Laien gut lesbar sind.

Ich höre gerne und viel christliche Musik. Ab ca. 2011 kaufte ich mir zwei CDs (Sampler: „Du siehst die Wunden" und die CD: „Wenn du nicht wärst") von einem kanadischen Musiker, Danny Plett, der seine Musik in der Regel selbst komponiert sowie eigene Texte schreibt. Mir gefiel die Musik. Besonders seine selbst geschriebenen Weihnachtslieder genoss ich Weihnachten 2012 mit den CDs: „Wunder über Wunder" und „Licht dieser Welt".

Im Juli 2013 besuchte mich eine Freundin, die ich noch aus der Zeit im Ruhrgebiet kannte. Sie brachte den Kindern die Kinderlieder-CD: „Noch mehr Bibeltexte singend lernen" mit auch von Danny Plett. Die Kinder mochten sie sofort sehr, mir gefiel sie auch. Aufgrund dieses Geschenkes hatte ich die Idee, mal im Internet zu sehen, was es noch so alles für Musik von ihm gibt und landete damit einen Volltreffer: Ich erwischte ausgerechnet die letzte Woche, in der beim Janz-Team ältere CDs von ihm zu einem günstigen Preis abgegeben wurden.

Ohne lange zu überlegen, deckte ich mich ein. Damals konnte ich ja noch nicht ahnen, was für ein großes Geschenk mir Gott damit gemacht hatte… Dieses Geschenk durfte ich nach und nach in den folgenden Monaten auspacken.

In der nächsten Zeit hörte ich immer wieder diese Musik. Ich erlebte sie als melancholisch, sehnsuchtsvoll, gefühlvoll, aber auch nach vorne treibend, kraftvoll, ermutigend und stets Jesus im Blick habend. Und ich merkte, wie mir – besonders bei den ruhigeren Liedern – immer wieder die Tränen kamen. Dass das geschehen kann, kennen vermutlich viele Menschen, aber bei den Liedern von Danny Plett geschah mir das häufig. Selbst Salina sagte über ein Kinderlied von ihm: „Die Musik ist so schön, dass ich weinen muss."

Im Internet auf der Homepage von Danny Plett sah ich, dass er zu einigen Adventskonzerten im Dezember 2013 nach Deutschland kommen würde. Nach etwa 20 Jahren war er im Sommer davor zurück in seine Heimat gegangen. Ich überlegte, ob ich versuchen sollte, zum Konzert nach Kandern zu fahren. Einerseits hätte ich ihn gerne mal durch ein Konzert näher kennengelernt, andererseits hatte ich Sorge, dass ich viele Taschentücher brauchen würde… So sagte ich zu Gott: Ich werde *nicht* hinfahren, es sei denn, Du zeigst es mir deutlich, dass es doch richtig ist. Innerlich ließ ich das los.

Das Konzert sollte am 14.12.2013 sein. Obwohl ich eigentlich sonst nicht so spontan bin, kam mir Anfang Dezember plötzlich die Idee, ich könnte ihm doch mal eine kurze Mail schicken, um ihn zurück in Deutschland willkommen zu heißen. Ich dachte mir, dass ihn das sicher freuen würde. Außerdem teilte ich ihm noch mit, dass mir seine Musik sehr gefallen würde. Ich schrieb auch, dass ich unter den eben genannten Gründen nicht Recht den Mut hätte, zum Konzert zu kommen. Ohne damit wirklich gerechnet zu haben, erhielt ich eine

Antwort von ihm. Darin bedankte er sich sehr nett für die Ermutigung und schrieb, dass er es schade fände, dass ich nicht zum Konzert kommen würde. Dieser kleine Satz verunsicherte mich total! Und nun? Wollte Gott doch, dass ich hinfuhr? Wieder legte ich es in Gottes Hand. Es waren viele Hürden zu nehmen, die Zeit drängte, aber nach und nach gingen alle Türen auf; ich fuhr mit einer Freundin aus unserer Gemeinde. Trotz kurzem Stau, Straßen, die begannen zu vereisen, kamen wir gerade noch pünktlich an; für meine Jacke gab es schon keinen Kleiderbügel mehr. Aber wir waren da! Und es war ein sehr schönes, festliches Konzert, eine warme Atmosphäre. Man spürte: Gott war da! In der Pause wurden wir mit Punsch und Glühwein sowie selbstgebackenen Keksen verwöhnt! Anschließend konnte ich noch Autogrammkarten für die Kinder bekommen, die ja am liebsten auch mitgefahren wären. Sie freuten sich! Die Tränen kamen nicht, viel zu sehr war ich mit den vielen Eindrücken beschäftigt. Es war ein wirklich sehr schöner Abend, ein echtes Gottesgeschenk! In diesem warmen Winter war es das erste und letzte Mal, dass ich ein Enteisungsspray für mein Auto gebraucht hatte. Das Autofahren machte keinen Spaß, ich hatte Angst zu fahren, aber Gott brachte uns beide bewahrt heim. ER hatte Seine Hand über diesen Abend gehalten!

Wenige Tage später erfuhr ich, dass es offiziell bereits seit Mitte November keine Karten gab, außer wohl noch an der Abendkasse. Wenn ich diese Information vor dem Konzert gelesen hätte, hätte ich das Ganze sofort aufgegeben. An der Abendkasse wären wir auch zu spät gewesen (meine Freundin musste vorher noch schnell ihr Kind stillen).

In einem waren wir beide uns einig: Gott wollte unbedingt, dass wir da sind, wieso auch immer… Einige Wochen später wurde mir klar, dass ich mich vielleicht nicht so sehr auf die Musik hätte einlassen können, wie ich es tat, wenn ich nicht mehr von der Person Danny Plett kennengelernt hätte. Das stiftete ganz viel Vertrauen bei mir. Ich lernte ihn als sehr sympathischen, äußerst begabten Musiker kennen, der sehr authentisch ist. Man nimmt ihm ab, was er sagt und singt. Eine sehr wertvolle Begegnung für mich!

Gott hatte das alles ganz wunderbar vorbereitet, was ER sich ab Februar 2014 für mein Leben überlegt hatte. ER wollte Musiktherapeut in meinem Leben sein, um mir innere Heilung von tiefen Verletzungen zu schenken. Dazu gebrauchte ER ausnahmslos Musik von Danny Plett.

Seelsorge

Ich empfand die Beziehung zu meinen Eltern als schwierig, insbesondere in den letzten 4–5 Jahren. Durch die weite Entfernung sahen wir uns nur 2–3 Mal im Jahr, meist für 5 Tage bei uns im Haus. Ich litt so sehr unter den Begegnungen, dass ich nochmals drüber nachdachte, Seelsorge in Anspruch zu nehmen. Eine Frau aus meinem Frauenkreis sagte mir einmal, dass sie den Eindruck habe, dass da noch etwas sehr wund sei in mir.

Immer wieder stiegen mir bei Liedern von Danny Plett die Tränen in die Augen. Ich spürte meist erst Traurigkeit, dann aber auch, dass mir die Musik sehr gut tat. Auch daran wurde mir deutlich, dass in mir noch ein tiefer Schmerz verborgen war. Im Herbst hatte Salina Dornwarzen und bekam ein Medikament, das den Dorn nach oben ziehen sollte, damit er letztlich herauskommen konnte. Das wurde für mich zum Bild: Gott, der ja weiß, wie sehr ich Musik mag, gebrauchte Musik – die meiner Meinung nach sehr viel Tiefgang hat – um mich auf einen Schmerz in der Tiefe meiner Seele aufmerksam zu machen. Und Er wollte mit Hilfe dieser Musik Heilung schenken. Eine total schöne, liebevolle Idee von IHM, über die ich noch oft staunen sollte…

Im Oktober 2013 ließ ich für mich um innere Heilung, Heilung der Gefühle, beten. Jesus zeigte beim Beten, dass die Erfahrungen von Verlassenheit und Ablehnung, die ich in meiner Kindheit und Jugend gemacht hatte, tiefe Spuren in meiner Seele hinterlassen hatten. ER hatte bereits viel geheilt, aber ich war darüber erschrocken, wie viel Schmerz beim Beten an diesem Abend noch aus mir herausbrach. Gott sprach mir an diesem Abend zu: ICH BIN DA! ICH WAR DA, als du dich verlassen und abgelehnt fühltest. Durch die Beterin – sie war mit mir auf dem Konzert zwei Monate später – sprach Er mir den Vers aus Jeremia 31,3 zu: „Ich habe dich je und je geliebt, darum habe ich dich zu mir gezogen aus lauter Güte."

Im Frühjahr 2013 stürzte Rainer und musste wegen eines Oberschenkelhals-
bruchs erst 2 Wochen in ein Krankenhaus, später für 4 Wochen in eine Reha-
klinik. Für mich war das sehr schwierig. Besonders abends und nachts hatte ich
panikartige Zustände, weil ich alleine mit den Kindern war. Bei der Stiftung
Marburger Medien wurde kurz vorher eine Karte mit einem Kreuz herausgegeben, dass nachts leuchtet, wenn vorher eine Zeitlang Licht darauf geschienen
hatte. Immer wieder sah ich dort hin und klammerte mich innerlich daran, dass
Gott bei mir ist – eine schwierige Zeit für mich. Die Kinder vermissten ihren
geliebten Vati sehr.

Diese ganzen Erlebnisse machten mir bewusst, dass ich doch nochmals Seelsorge
in Anspruch nehmen sollte. Ein Thema war auch Ablösung von meiner Mutter.
Außerdem wollte ich erarbeiten, wie ich in Verantwortung vor Gott mit meinen
Eltern umgehen sollte. Im Dezember 2013 kam es zu einem ersten Gespräch mit
einer Frau aus unserer Gemeinde, die eine Seelsorgeausbildung hat. Im Januar
2014 starteten wir dann damit durch.

In dieser Zeit fragte ich immer wieder Gott, wieso ich sooft mit Tränen reagierte
bei Danny-Plett-Musik. Ich wollte mich so gerne selbst verstehen. Zwischendurch dachte ich, ich sollte auch mal wieder andere christliche Lieder hören.
Aber es zog mich immer wieder zurück zu seinen Liedern. Ganz oft kamen mir
Bilder beim Hören, was mir sonst eher selten passiert. Beim Lied „Ich fliege in
deinen Arm" stellte ich mir vor, wie ich in Gottes Arme renne und ER mich –
wie ein Vater sein Kind – auffängt. Das Kinderlied „Im finstern Tal" wurde mir
mit seinem fröhlichen und mutmachenden Refrain (…denn du bist bei mir…)
sehr zum Segen, als ich meine mütterliche Freundin Erika besuchte, die lebens-
bedrohlich erkrankt war und ich vermutlich ein letztes Mal gesehen hatte. In
vielen Situationen half mir die Musik und schenkte mir Kraft. In dieser Zeit
verschenkte ich gerade auch „meinen" Moms in Prayer-Frauen die Kinderlieder–
CDs „Bibelverse singend lernen" und „Noch mehr Bibelverse singend lernen". Sie
wurden mit Begeisterung gehört und zwar von den Kindern UND den Müttern.
Eine Frau sagte mir mit strahlenden Augen: „Wir mögen diese Musik. Sie hat so
viel Tiefe und ist so segensreich!"

In der ersten Februarwoche wurde ich stark angefochten. Ich stellte alles in
Frage: Wieso investiere ich so viel Zeit in diese Arbeit bei Moms in Prayer?

Wieso verschenke ich eigentlich immer wieder diese Kinderlieder-CDs? Ich sollte auch mal wieder andere Musik hören. In den 25 Jahren meines Christseins hatte ich bisher ja auch keinen Lieblingsmusiker. Jetzt war er weit weg in Kanada, wer weiß, wann es mal wieder neue Musik von ihm geben wird, was ich mir ja wünschen würde. So drehte sich bei mir das Gedankenrad der Entmutigung, besonders in einer Nacht. Interessant fand ich es, dass ich dann mit einem Lied im Kopf von Danny Plett endlich zur Ruhe kam und einschlief: „In deinen Armen berg ich mich". Ich hatte wirklich den Eindruck, dass Satan wollte, dass ich die Musik möglichst nicht mehr höre. Gott sei gedankt, dass das Ganze nur wenige Tage dauerte. Wie viel Segensströme wären mir entgangen, wenn ich die Musik von Danny Plett tatsächlich zur Seite gelegt hätte...!

In der Seelsorge ging es um meine Elternbeziehung und um das Thema „Heilung von verletzten Gefühlen". Meine Seelsorgerin Heike und ich staunten, wie Gott uns in allem leitete. So zeigte Gott ihr, während sie auf einem christlichen Kongress war, nahezu zeitgleich zu mir, dass das Thema nun dran sein sollte: Heilung des inneren, verletzten Kindes. Meine Seelsorgerin wusste, dass das sicher sehr schmerzhaft für mich sein würde und hatte ein mulmiges Gefühl dabei, mir das sagen zu müssen. Von daher war sie froh, dass Gott selbst mich auch schon auf diese Spur gesetzt hatte. Ich ahnte auch, dass das hart werden würde. Aber von früheren Heilungsprozessen wusste ich, dass man oft einen sehr steinigen Weg gehen muss, um geheilt zu werden, dass aber das Ziel des Ganzen etwas Wunderbares ist. So beschloss ich mich – mit dem Lied im Herzen „Im finstern Tal" und dem Wissen, dass Gott bei mir ist – auf den Weg zu machen.

In deinen Armen berg ich mich²

1. *Jesus, meine Zuversicht, du kannst heilen, was zerbricht.*
Meine Tränen trocknest du und du hörst mir zu.

2. *Komm ich hungrig, leer und matt, machst du meine Seele*
satt, hilfst mir auf, schenkst neuen Mut, du tust mir so gut.

3. *Ob bei Tag, ob in der Nacht, hälst du über mir die*
Wacht. Rufe ich so bist du da, allezeit mir nah.

4. *Wie ein Kind in Mutters Schoß findet Zuflucht, Halt und Trost,*
bin ich bei dir, was auch geschieht, geborgen und geliebt.

Refrain: *In deinen Armen berg ich mich, geliebt von dir, bleib*
ich bei dir. In deinen Armen werd ich still, ruhig und still.

Wenn man sich das nachfolgende therapeutische Tagebuch durchliest, könnte man meinen, ich hätte mich irgendwie selbst therapiert. Schließlich war kein ausgebildeter Musiktherapeut im Raum. Aber dagegen wehre ich mich ganz entschieden! Für mich war stets klar: Gott war von Anfang an da, mehr noch: ER war der Initiator der ganzen Sache! ER leitete meine Gedanken und das Geschehen und nutzte dafür meine fachlichen Kenntnisse aus meiner Fortbildung. ER war mein Musiktherapeut, der Beste, den es geben kann! Ich bat IHN stets um Leitung dieser besonderen Zeit für mich und erlebte diese auch. Außerdem konnte ich das Erlebte stets in der Seelsorge mit meiner Seelsorgerin Heike reflektieren. Es ist sehr wichtig, dass jemand mit seelsorgerlich-therapeutischer Ausbildung solche Prozesse begleitet! Ich gebe zu, dass das ein wohl eher ungewöhnlicher Weg ist, den Gott da mit mir gegangen hat. Aber er war für mich äußerst segensreich und heilsam. Trotz des Schmerzes, der hochkam, konnte ich immer wieder nur staunen, wie Gott in dieser besonderen Zeit des Tages an mir wirkte und mich veränderte. Gerade dieser besondere Weg, den ER mit mir ging, ließ mich ahnen, wie sehr ER mich annimmt, wertschätzt und liebt – Love With No End.

---

2   Plett, Danny: „In deinen Armen" Originaltitel: „In Your Arms"; Text und Musik: Danny Plett; Deutscher Text: Ute Meißner © 2008 JANZ Musikverlag adm. by Gerth Medien, Asslar

Ich frage mich: Was braucht das kleine verletzte Kind Jutta in mir, was würde ihr gut tun? Ich gehe in das Dachgeschoss unseres Hauses und richte mir eine „Wohlfühlecke" am Schornstein ein. Ich lege eine Wolldecke auf dem Boden, sowie zwei große Sitzkissen. Außerdem lege ich mir drei kleinere Kissen hin, die ich mir hinter den Rücken legen kann. Ich suche mir noch etwas, dass die Nähe Gottes symbolisiert: Das Leuchtkreuz mit den Worten: „Fürchte dich nicht! Ich habe dich erlöst. Ich habe dich bei deinem Namen gerufen. Du bist mein. Wo du auch hingehst, ich bin bei dir. Was auch geschieht, ich lasse dich nicht allein."

An den Rand dieser Ecke stelle ich die Plastik von Dorothea Steigerwald „Bleib Sein Kind" (eine Hand, in die sich ein Kind schmiegt). Ich schneide mir drei Herzen aus rotem Tonpapier aus. Auf das erste Herz schreibe ich: „Ich habe dich je und je geliebt, darum habe ich dich zu mir gezogen aus lauter Güte (Jeremia 31,3)". Und den Vers aus Matthäus 28,20:

„Und siehe, ich bin bei dir alle Tage bis an der Welt Ende."

Auf das zweite Herz schreibe ich den Liedtext von „In deinen Armen berg ich mich".

Das dritte Herz hat folgenden Text: „Fürchte dich nicht, denn ich habe dich erlöst; ich habe dich bei deinem Namen gerufen; du bist mein. ... weil du in meinen Augen so wert geachtet und auch herrlich bist und weil ich dich lieb habe". (Jesaja 43,1 und 4).

♫ ♫ ♫

Ich kann mich daran erinnern, wie ich in dieser Zeit morgens beim Kochen Gott mal fragte, welche Musik ich hören sollte. Normalerweise frage ich Ihn das nicht, sondern lege die CD auf, die mir gerade in den Sinn kommt. Nach dem Gebet wurde mir wichtig, die CD „Dich will ich sehen" zu hören. Sie stammt aus dem Jahr 2008 und war bei Gerth-Medien im Januar nicht mehr zu bekommen. Gott hatte ja aber bekanntlich Vorarbeit geleistet im Juli 2013. Diese CD hörte ich von da an – zumindest in Auszügen – viele Monate täglich; es gab nur wenige Tage, die da eine Ausnahme bildeten!

13.2.2014

Ich gehe in den Raum im Dachgeschoss und setze mich in diese von mir eingerichtete Ecke. Mit Hilfe eines tragbaren CD-Players höre ich eines meiner Lieblingslieder von Danny Plett:

„In deinen Armen berg ich mich". Mir wird mein Mangel an Liebe und Geborgenheit in meiner Kindheit bewusst. Ich muss sehr weinen. Ich denke, dass Gott damals da war, dass ER da ist. Von IHM darf ich mich gehalten und geliebt wissen. Das Lied höre ich ein zweites Mal. Die Tränen versiegen. Ich merke: Die Musik nährt mich, tut mir gut.

♫ ♫ ♫

In der Seelsorge erzählte ich von dieser Ecke; der Seelsorgerin gefiel diese Idee. Sie sagte, Ziel sei die Heilung des verletzten inneren Kindes in mir sowie das Entdecken des „freie Kindes". Das freie Kind denkt an sich und an seine Bedürfnisse, ohne dabei egoistisch zu sein, ist kreativ, neugierig, begeisterungsfähig, lebt seine vielfältigen Gefühle, ist fröhlich. Ich merkte: Ich habe da noch nachzuholen, obwohl ich auch schon viel gelernt hatte.

Im Folgenden werde ich hier nur das aus der Seelsorge mit einfließen lassen, was wichtig ist, um die Zusammenhänge zu verstehen. Wir trafen uns durchschnittlich alle zwei Wochen.

16.2.2014

Ich sitze in meiner Wohlfühlecke und höre die CD „Dich will ich sehen". Die Lieder wirken sehr ruhig und melodisch; sie sprechen mich sehr an. Ich weine. Irgendwie tun mir die Lieder ganz tief gut, mir, der kleinen verletzten Jutta. In meiner Vorstellung sitze ich auf Gottes Schoß und lehne mich an IHN. Ich frage Gott, wo ER damals war, als ich klein war und mich verlassen fühlte. Ich sehe mich mit meinem inneren Auge, wie ich dastehe, die Arme nach vorne strecke und nach meinem Vater rufe, dann schreie, aber er kommt nicht, kümmert sich nicht; es ist ein Griff ins Leere. Für ein Kind, dass das immer wieder so erlebt hat, ein Grund zu Verzweiflung und Resignation. Aber dann kommt in meiner Vorstellung Gott von vorne ins Bild. Ich realisiere das gar nicht so recht; ich habe nur meinen weggehenden Vater im Blick. Gott nimmt mich in Seinen Arm und hält mich die ganze Zeit fest. ER ist die ganze Zeit da. Ich weine bitterlich. Der Schmerz über diese Erfahrung der Verlassenheit und des Alleinseins sowie der Ablehnung ist sehr stark. Ich hätte nicht gedacht, dass noch so tiefer, großer Schmerz in mir ist. Ich höre „In deinen Armen berg ich mich". Die Tränen fließen und fließen als würde dieser Tränenstrom gar nicht mehr versiegen wollen. Nur am Rande höre ich die so wohltuenden Worte aus dem Lied. Gott war damals da, die ganze Zeit, hatte sich über meine Geburt gefreut, hielt mich fest, auch wenn ich das als Kind nicht gemerkt hatte. ER sagt: „Ich habe dich je und je geliebt. Darum habe ich dich zu mir gezogen aus lauter Güte" (Jeremia 31,3). Für mich ist das die Antwort auf das Gebet, dass ich gesprochen habe, als ich Gott fragte, wo Er in meiner Kindheit war. Aber diese Antwort bleibt noch im Verstand, erreicht mich noch gar nicht, zu tief spüre ich Schmerz.

Ich höre „I Find My Rest In God Alone" – es ist ein so schönes Lied. Die Musik tut dem verletzten Kind in mir so gut! Sie ist so warm, ruhig, strahlt Geborgenheit aus, treibt mich in Gottes Vaterarme, lässt mich in Seinen Armen wieder ruhiger werden. Mein Lieblingslied ist „In deinen Armen berg ich mich".

Wenn ich bedenke: Vor ca. 10 Tagen war ich so entmutigt, dass ich schon den Gedanken hatte, diese Musik wieder zur Seite zu legen…

♬ ♬ ♬

Ich hatte Gott ja immer wieder gefragt, wieso mir so oft bei Liedern von Danny Plett die Tränen kommen. Durch die Beschäftigung mit dem Thema „Das innere verletzte Kind" gab Gott mir schließlich die Antwort: Seine Musik ist der Schlüssel zum verletzten Kind in mir, so meine Seelsorgerin. Ich spürte oft

Traurigkeit, wenn ich die Lieder hörte. Wenn ich mich dann aber länger auf sie einließ, tat sie mir ganz tief gut. Sie tröstete mich, wie ich das in dieser Intensität noch nie bei Musik bisher erlebt hatte. Wochen- und monatelang hatte ich den Gedanken, dass diese Musik wie Salbe, wie Balsam auf meine verwundete Seele wirkte.

Gott hatte diese Lieder bewusst eingesetzt, um mich zu trösten und um innere Heilung zu schenken. Das ließ mich immer wieder staunen über Sein Wirken. Mir fiel auf: Insbesondere sprach mich immer die Musik an, erst an zweiter Stelle die Texte. Ich merkte das daran, dass mich gerade auch englische Lieder sehr berührten, deren Inhalt ich gar nicht so gut verstand (Leider ist mein Englisch nicht so gut; in der Schule habe ich immer Französisch geliebt und habe Lücken im Englischen.) Überall stehen ja die Übersetzungen dabei, aber die las ich nur zum Teil durch. Andererseits mochte ich viele Lieder gerade wegen der tröstenden, Mut machenden, tiefgehenden Texte. Die Klänge von Klavier, Flöte und Geige sprachen mich sehr an. Es ist auch die Art und Weise, wie die Musikinstrumente gespielt werden, mit viel Feingefühl und Wärme! Das tat meiner verletzten Seele so gut!!

Zwischendurch dachte ich, dass ich auch mal wieder andere Musik hören könnte. Ich tat das auch immer mal wieder. Aber ausschließlich bei der Musik von Danny Plett merkte ich dieses tiefe Hineinsprechen in meine Wunde, egal ob bei seinen selbstgeschriebenen Weihnachtsliedern, den Kinderliedern oder seinen Soloalben. Ich konnte und kann es rational nicht erklären, wieso das so ist.

Und mir wurde bewusst: Viele Lieder von anderen Musikern, die mir gefallen, bleiben oftmals im Kopf hängen, rutschen nicht in mein Herz. „Meine Musik" spüre ich tief in mir, berührt mein Herz. Ich liebe z. B. auch das Lied „Unermesslich schön" (CD: „Wie ein Strom" und CD: „Mein Herz lebt auf"). Diese recht einfache Melodie und der Text treiben mir immer wieder die Tränen in die Augen.

Ich sitze in meiner Ecke, höre mein Lieblingslied. In meinen Gedanken stelle ich mir die kleine Jutta vor, wie sie auf Gottes Schoß sitzt. Ich weine. Dieses Bild tut gut, die Musik auch; ich spüre Ruhe in mir.

Wieder sehe ich diese Szene vor mir, der Schrei nach meinem Vater. Gott ist da und hält mich in Seinen Armen.

Ich denke nach: Das ist es, was ich mir bis heute irgendwie letztlich wünsche: Annahme von meinen Eltern. Gerade in den letzten Jahren musste ich das auch bei meiner Mutter missen. Genau genommen müsste ich es anders formulieren: Ich fühle mich nicht angenommen aufgrund ihres Verhaltens. Ich will damit nicht sagen, dass sie mich nicht lieben! Manchen fällt es schwer, das zu zeigen. Als Kind war ich immer sehr angepasst, konnte Kindsein wenig leben, weil ich letztlich ihr gefallen wollte, um ihre Liebe zu erhalten. Aber heute, mit fast 50 Jahren, brauche ich ihre Liebe nicht mehr! Mein Liebesdefizit möchte ich von Gott stillen lassen. Wie heißt es so schön im Lied: DU machst meine Seele satt. Ja, von Gott möchte ich meinen Hunger stillen lassen. Auch nicht von meinem Mann Rainer. Der Arme, er wäre ja völlig überfordert! Menschen können unseren Mangel nicht stillen; nur Gott kann es! So gehe ich in diese Ecke, in Seine Nähe, lasse mich von IHM beschenken mit Musik und Bildern, Seiner Liebe und Geborgenheit; das ist heilsam, tut gut!

Ich muss daran denken, dass meine Eltern im März zu Besuch kommen. Mir geht es schlecht, wenn sie da sind. Mir wird bewusst, dass sie durch ihr Verhalten letztlich in diese Wunde fassen; das tut sehr weh! Ich bin dankbar für die Seelsorge, dass wir über diese Situation reden können. Ich will mich an Gott klammern. Ich spüre Traurigkeit, als ich diese Ecke verlasse. Der Haushalt wartet.

♫ ♫ ♫

Vor einiger Zeit kam eine Karte von „Stiftung Marburger Medien" mit folgendem Spruch heraus:

„Wenn ich Jesus habe, habe ich alles, auch, wenn ich nichts hätte. Doch wenn ich Jesus nicht habe, dann habe ich nichts, auch wenn ich alles hätte."

Von Danny Plett gibt es ein sehr ausdrucksstarkes, wunderschönes Lied zu diesem Thema: „Wenn ich nur Jesus hab"[3]:

> *Nimm mir all mein Silber, nimm mir all mein Gold.*
> *Nimm mir meine Schätze, nimm mir meinen Sold.*
> *Eines weiß ich sicher, ich gebe alles ab.*
> *Nimm dir die Welt, wenn ich nur Jesus hab.*
> *Du kannst Einfluss haben, Macht in dieser Welt,*
> *Schönheit und Gefolge, das ist nicht was zählt.*
> *Doch ich weiß eines sicher, ich gebe alles ab.*
> *Nimm dir die Welt, wenn ich nur Jesus hab.*
> *Sichre dir deine Stellung, deine Macht.*
> *Bau dir große Häuser voller Pracht.*
> *Sammle Schätze aus Marmor, Glas und Holz.*
> *Such Erfolg und ernähr nur deinen Stolz.*
> *Doch eins weiß ich sicher, ich gebe alles ab.*
> *Nimm dir die Welt, wenn ich nur Jesus hab.*
> *Ich will dir folgen, das bezeug ich vor der unsichtbaren Welt!*
> *Ich bin entschlossen, dir zu dienen. Du bist alles, Herr, was zählt.*
> *Was es auch kosten mag, ich bin bereit. Ich gebe alles ab.*
> *Nimm dir die Welt, wenn ich nur Jesus hab!*

Es war eine gesegnete Zeit in der Ecke. Es kam zwar sehr viel Schmerz hoch, es war wirklich schlimm für mich! Manchmal fiel es mir richtig schwer, in den Alltag zurückzufinden; der Schmerz hatte mich im Griff. Andererseits tat mir aber die Zeit auch gut. Besonders die Musik tröstete mich sehr, je mehr ich mich auf sie innerlich einließ. Es war die Ecke der Gottesbegegnung, Seiner heilsamen Nähe. Da wollte ich täglich hin. Zu Beginn saß ich dort ca. 30 bis 45 Minuten, ein paar Wochen später in der Regel 60 Minuten. Ich habe mir die Zeit manchmal erkämpfen müssen, aber ich brauchte das. Es war für mich die Zeit der kreativen

---

Therapie mit dem Schwerpunkt „Musik" unter der Leitung des bestmöglichen Musiktherapeuten, dem dreieinigen Gott, Vater, Sohn und Heiliger Geist. Und immer wieder staunte ich, wie Gott in dieser Zeit an mir wirkte! Immer wieder – trotz all dem Schmerz – dachte ich in dieser Zeit: Gott ist wirklich unglaublich, zum Staunen, genial! Wie gut, dass ich Jesus hab!

Im Dachgeschoss hängt eine Schaukel. Sie hatte ich immer wieder im Blick. Es war für mich das Symbol für das freie Kind in mir, zu dem ich ja hin wollte. Das war mein Ziel. Aber erst mal noch brauchte das verletzte Kind in mir ganz viel Nährendes! Mir war klar, das würde ein vielleicht längerer Prozess werden.

24.2.2014

Ich sitze in meiner Wohlfühlecke und frage mich, was Gott mir wohl zuspricht, während ER mich in Seinen Armen hält. Im Hintergrund höre ich meine vertraute Musik. Ich schrieb mir auf, was ich meinte von Ihm zu hören: „Ich habe dich je und je geliebt, darum habe ich dich zu mir gezogen aus lauter Güte. Ich habe mich so gefreut, als du geboren wurdest, endlich warst du da. Es ist schade, dass deine Eltern einfach nicht dazu in der Lage waren, dir wiederzuspiegeln, wie sehr ich mich gefreut habe. Ich liebte dich von Anfang an, so, wie du bist. Durch die Verletzungen, die dir zugefügt wurden, wurde so vieles verschüttet. Ich war immer da und habe dich vor Schlimmeren bewahrt. Immer wieder habe ich auf mich aufmerksam gemacht, an deine Herzenstür geklopft. Wie froh war ich, als du deine Herzenstür geöffnet hattest. Fürchte dich nicht, denn ich habe dich erlöst, ich habe dich bei deinem Namen gerufen, du bist mein. Und du wirst immer mein bleiben. Ich werde deine Verletzungen heilen und habe schon sehr viel geheilt. Das, was verschüttet war, werde ich freilegen. Ich werde dich zu einer gesunden Persönlichkeit in mir machen. Ich werde das verletzte Kind in dir heilen und werde das verschüttete freie Kind in dir freischaufeln, in dir entstehen und wachsen lassen. Ich bin und bleibe bei dir. Ich bin alles, was du brauchst. Lasse deine Eltern los, vergib. Du hast mich! Und das in Ewigkeit!" Ich suche mir Bibelworte zum Thema „Geborgenheit" heraus.

26.2.2014

Das erste Lied auf meine „Dauerbrenner-CD", die ich täglich höre, heißt: „Dich, Herr, will ich suchen". Es geht darum, dass Jesus König ist. Ich bete IHN mit diesem Lied als König an. Ich denke: Wenn ER König ist, bin ich ein Königskind. Ich bin Sein Kind, Kind DES Königs schlechthin und erlöst in IHM, je und je, also immer schon geliebt.

Ich weiß noch: Vor ein paar Wochen habe ich Gott gefragt, welche CD ich hören soll. Seitdem ist sie quasi meine tägliche Nahrung, Balsam auf meine Wunden. Ich danke Gott immer wieder für diese wunderbare Musik. Ich bin unendlich dankbar für diese warmen, ruhigen Melodien, die mich so stark trösten. Ich habe das noch nie so erlebt! Immer wieder ist es auch mein Gebet, dass Gott Danny Plett segnet, ihm Gutes tut.

♫ ♫ ♫

Am 28.2. fuhren wir auf eine Familienfreizeit über Fasnacht in ein christliches Gästehaus im Schwarzwald. Immer wieder erging es mir in den letzten Wochen so, dass ich innerlich, emotional, in ein Loch fiel. Durch Gebet und Ablenkung kam ich dann wieder heraus. Manchmal hatte ich Sorge, depressiv zu werden. Ich freute mich auf diese Freizeit. Aber ich fragte mich auch, ob ich nicht „meine Ecke" vermissen würde. Die Musik musste mit; das war klar! Ich hatte vor einigen Jahren von meinem Mann einen MP3-Player bekommen, den ich fast noch nie benutzt hatte. Ich mag eigentlich nicht diese Stöpsel im Ohr. Aber künftig sollte das Gerät Heißlaufen. Ich hatte Rainer gebeten, alle CDs, die ich von Danny Plett brauche, auf MP3 zu laden. Ich ging täglich zweimal spazieren und hörte Musik. Wie so oft bei seiner Musik kamen mir Bilder der Geborgenheit bei Gott in den Sinn. Das tat gut.

Wenn mich etwas überzeugt, gebe ich das auch gerne an andere weiter. So hatte ich schon oft in der letzten Zeit die CDs mit den Bibelversen anderen empfohlen oder verschenkt. Die Resonanz war stets sehr positiv. Beim Büchertisch im Gästehaus machte ich auch auf diese Musik aufmerksam. Die Frau, die zuständig war für die Bestellungen, sagte mir, sie hätte erst vor kurzem darüber nachgedacht, diese CD für den Büchertisch zu bestellen, hätte aber noch gezögert. Nun wäre es für sie klar, sie würde sie bestellen. Ich empfahl die CD auch einem Kindermitarbeiter. Er hörte drei Lieder und fand sie toll. Erst dann erzählte er mir, er sei im Kindergottesdienst aktiv. Eine Zeitlang sollten die Kinder stets einen Bibelvers von einem zum nächsten Sonntag auswendig lernen. Da das aber nicht klappte, hätten sie es bereits aufgegeben. Ich musste schmunzeln und meinte, dass das mit dieser CD jetzt sicher besser klappen würde. Er würde sie sich bestellen. Irgendwie brachte ich meine Begeisterung für diese CDs scheinbar recht glaubhaft herüber. Ich empfahl sie noch weiteren Teilnehmern, die sie sich von mir ausleihen und auch bestellen wollten. Ich weiß noch, wie ich damals dachte: Wenn es irgendwann eine Neuauflage gibt, habe ich meinen Teil im Südwesten Deutschlands dazu beigetragen... Ich war der Meinung, der reiche Segen, der von dieser Musik ausgeht, sollte auch auf andere Menschen „überschwappen".

Was können wir unseren Kindern Besseres auf ihrem Lebensweg mitgeben als das Wort Gottes! Ich bin in leitender Funktion bei Moms in Prayer. Wenn eine neue Beterin dazu kommt, gibt es seit Januar als Willkommensgeschenk eines dieser Kinder-CDs. Ich bin dankbar für meine Begeisterungsfähigkeit, ein Merkmal des „freien Kindes". Das hatte ich in den letzten Jahren bereits gelernt.

Jeden Tag ging ich spazieren, hörte unterschiedliche Lieder, beendete aber diese Zeit stets mit Kinderliedern. Sie taten mir so gut. Die erste Zeit beim Hören war durchzogen von Traurigkeit und Schmerz. Um besser in den Alltag dieser Freizeit zurückzukommen, brauchte ich diese fröhlichen Kinderstimmen. Es wurde heller, zuversichtlicher um mich herum!

An einem Vormittag ging ich raus und hörte die CD „Like A River". Ich dachte über meine Eltern nach. Später schrieb ich mir die Gedanken auf, die mir kamen: Ich sollte lernen, meine Eltern mit den Augen Jesu zu sehen, voller Liebe und Erbarmen, vergebungsbereit. Sie haben ja ihr Bestes gegeben, wollten mir nicht schaden. Jesus liebt sie und möchte ihre Errettung noch viel mehr, als ich es mir wünsche. Ich bete nun fast 25 Jahre für sie... Ich sollte ihre Annahme innerlich nicht fordern, sondern mit meinen Bedürfnissen zu Gott gehen. Irgendwie tun sie mir leid. Wenn sie sich doch auf Gott einlassen würden...

Ich stand auf der Brücke eines kleinen Flüsschens und fiel plötzlich in ein tiefes Gefühl der Hoffnungslosigkeit. Es war furchtbar für mich, und ich wollte nur noch raus aus diesem dunklen Loch. Ich drückte auf meinem MP3-Player und stoppte bei „Like A River". Der durch die Musik angedeutete Wasserfall ließ mich aufmerken. Ich lauschte der Musik. Mein innerer Blick ging weg von dieser Dunkelheit auf den Liebesstrom Gottes, der durchs Land fließt, mich erreicht. Langsam wurde es wieder hell um mich. Ich ging den Weg zurück zum Gästehaus und bemerkte, dass meine Schritte nicht mehr am Boden zu kleben schienen. Sie wurden wieder fester, lebendiger. Ich war Gott so dankbar, dass ER mich durch dieses Lied aus der Hoffnungslosigkeit herausgerissen hatte!

Später dachte ich: Waren das jetzt Anfechtungen? Dass in meinem Herzen Schmerz ist, ich sehr viel weine in letzter Zeit, mir schneller als sonst die Tränen auch mitten im Alltag kommen – all das ist in Ordnung. Erfahrungen von Verlassenheit und Ablehnung sind nun mal sehr existentiell! Aber: Ich habe keinen Grund zur Hoffnungslosigkeit! Ich gehe jetzt durch ein dunkles Tal, aber Gott ist dabei und will mich heilen, mich zum „freien Kind führen".

Diese Tage taten mir gut. Als wir wieder Zuhause waren, begann die Passionszeit.

Wieder ging ich täglich in meine Wohlfühlecke. In dieser Zeit wurde immer wieder erst der Schmerz herausgespült, dann aber spürte ich sehr viel Trost durch die Musik. Und immer wieder dieses Staunen darüber, wie wunderbar Gott die Musik gebrauchte, die so viel Nährendes für mich hatte. Ich dankte Ihm dafür und bat Ihn, Er möge Danny Plett reich segnen. ER hatte ihn so wunderbar begabt, Musik zu schreiben, die Menschen so stark berühren kann.

An einem Tag las ich die schönen Worte aus Jesaja 57, 18 und 19: „Ihre Wege habe ich gesehen, aber ich will sie heilen und sie leiten und ihnen wieder Trost geben; und denen, die da Leid tragen, will ich Frucht der Lippen schaffen. Friede, Friede denen in der Ferne und denen in der Nähe, spricht der Herr; ich will sie heilen."

Ich sitze in der Ecke. Ich höre meist die gleiche Reihenfolge der Lieder dieser CD: „Dich, Herr, will ich suchen"; „I Cry Aloud"; „In deinen Armen berg ich mich"; „A Miracle"; „Love With No End"; das sind für mich die wichtigsten Lieder. Manchmal höre ich auch noch andere von der CD. Mit dem ersten Lied lobe ich Gott. Bei dem zweiten Lied kommt mir viele Wochen die so schmerzhafte Vorstellung des Schreiens nach meinem Vater, und er reagiert nicht. Dann sehe ich das Bild vor meinem inneren Auge, dass Gott kommt und mich in Seine Arme nimmt. Erst sehe ich meinem Vater hinterher, realisiere gar nicht so recht die Umarmung Gottes. In den folgenden Tagen und Wochen verändert sich dieses Bild. Ich ruhe mehr und mehr in Gottes Vaterarmen, schreie nicht mehr meinem Vater hinterher. Ich realisiere Gottes Nähe und Liebe; spüre Trost. Und im Hintergrund läuft die ganze Zeit diese wunderbare Musik des Trostes. Heute lese ich die deutsche Übertragung von „I Cry Aloud": *Laut rufe ich: O Heiliger Geist, bitte rege dich. Ich rufe deinen Namen an, mein Tröster. Ich möchte mich wieder freuen können. Alles, was ich brauche ist, deine Stimme zu hören.... Dennoch will ich vertrauen, ich will dich lieben. Einen besseren Weg gibt es überhaupt nicht. Denn ich weiß, sogar Treulosen bleibst du treu. Laut rufe ich, du hörst und siehst, du wirst mich nie verlassen.*

Ich weine beim Lesen. Mich sprechen bei diesem Lied immer zwei Dinge sehr an: Ich schreie, rufe, weine und: DU hörst und siehst. Mein Vater war nicht greifbar für mich, aber mein himmlischer Vater hört und sieht mich! Kein Schrei bleibt ungehört, bei IHM gibt es nicht den Griff ins Leere! Selbst, wenn es manchmal nicht so scheinen mag: Gott ist immer da; ER hat es uns in Seinem Wort versprochen. Daran will ich mich festhalten; ER verlässt mich nicht! Wie heilsam: Die Musik und immer wieder diese Bilder der Annahme und Liebe Gottes, der Geborgenheit in IHM. Diese inneren Bilder halte ich diesen für mich so schmerzhaften Bildern der Ablehnung und Verlassenheit entgegen. „Love With No End" – ein wunderschönes Lied mit der so wohltuenden Aussage, dass Gottes Liebe kein Ende hat, mir immer gilt. Mir tun die warmen Klänge von Klavier, Flöte und Geige so unendlich gut! Die Musik strahlt eine große Ruhe aus und trotzdem viel Lebendigkeit durch die vielen Läufe, die im Hintergrund gespielt werden. Immer wieder geht es mir so, dass ich eine große Ruhe in mir spüre, wenn ich die Ecke verlasse. Und ich spüre noch etwas: Ein Getröstet sein. Ich bin Gott so dankbar dafür, besonders auch für diese Musik. Wenn ich bedenke: Danny Plett verlässt Deutschland und hinterlässt hier wahre Segensströme, zumindest in meinem Leben, in das unserer Kinder (Rainer mag Klassik) und in den Familien, die die Kinder-CDs für sich entdeckt haben! Aber seine Musik hat er ja – GOTT SEI DANK – hiergelassen…!

13.3.2014

Ich sitze in meiner Wohlfühlecke. So nenne ich sie. Es ist jedoch auch der Raum, in dem der Schmerz mir jedes Mal neu bewusst wird. Aber dann kommen die wohltuenden Bilder, die warme, tröstliche Musik; ich spüre die heilsame Nähe Gottes – das tut mir tief gut! So ist es auch mit der Musik: Ich spüre zunächst den Schmerz, aber wenn ich mich dann auf die Musik einlasse, ihre wohltuende Kraft und viel Trost.

Heute wird mir neu bewusst: Seit einigen Jahren fühle ich mich auch von meiner Mutter nicht mehr angenommen; das war mal anders. Vielleicht nimmt sie mich ja an, aber ihr Verhalten bringt es nicht zum Ausdruck. Ich spüre wieder einen tiefen Schmerz in mir und fliehe in Gottes Arme – wohin sonst! Vor meinem inneren Auge erscheint das Bild in mir, dass Gott mich in Seine Arme nimmt und mich festhält, ich mich bergen kann an Seiner Schulter. Wie schön ist die 4. Strophe von „In deinen Armen berg ich mich": Wie ein Kind in Mutters Schoß findet Zuflucht, Halt und Trost, bin ich bei Dir, was auch geschieht, geborgen und geliebt.

Gott ist Vater und Mutter für mich. Ich darf die Liebe und Annahme meiner Eltern nicht mehr erwarten. Ich brauche sie ja auch nicht mehr wirklich; ich bin erwachsen! Gott ist beides für mich; ER allein genügt, macht meine Seele satt.

Bei „I Cry Aloud" sehe ich jetzt beide Elternteile vor mir, wie sie heute nicht mehr greifbar für mich sind und suche Halt und Trost bei Gott. In Seinen Armen kann ich mich bergen.

Und ich blicke nach vorne. Mein Ziel ist das freie Kind. Ich sehe auf die Schaukel. Um zu ihr hinzukommen, muss ich erst mal ins Stehen kommen und dann Schritte tun, nach vorne gehen. Ich merke, ich brauche etwas, was mir Sicherheit gibt, um mich aus dem Schutz dieser Ecke hinauswagen zu können. Ich frage mich, ob es vielleicht ein Lied gibt, das mir helfen könnte, aus diesem Raum hinauszutreten. Dann kommt mir das Lied in den Sinn: „Steh ich heute auf".

Steh ich heute auf[4]

> *In der Kraft, die Gott mir gibt, steh ich heute auf. Weil sein Schutz mir sicher ist, steh ich heute auf. Weil mich seine Weisheit leitet, weil mich sein Rat begleitet, weil er mir zuhört, steh ich heute auf.*
>
> *Weil sein starker Arm mich birgt, mir sein Zuspruch immer gilt, trennt mich nichts auf dieser Welt von ihm, der mein Leben hält. Denn mein Gott wird vor mir hergehen und er wird mir nachgehen, in allem werd ich sein Wirken sehn.*
>
> *Weil sein Wort mein Ohr erreicht, steh ich heute auf, seine Hand mich fest umschließt, steh ich heute auf. Weil mein Gott heut vor mir hergeht, weil er für mich einsteht und weil sein Sohn mich rettet, steh ich heute auf.*

Ich weine sehr: Das ist ja wirklich genial von Gott, wie sehr dieses Lied passt: Sein Schutz ist mir sicher, ER leitet mich, Er hört mir zu, Sein Arm birgt mich, nichts trennt mich von Ihm, Er geht vor mir her, steht für mich ein - ja, so kann ich aufstehen!

16.3.2014

Ich sitze in meiner Ecke. Beim Lied „In deinen Armen berg ich mich" kommt mir mit einem Mal die Vorstellung, dass meine Mutter mir den Rücken zudreht.

---

4   Plett, Danny: „Steh ich heute auf" Originaltitel: „I Arise Today"; Text und Musik: Danny Plett; Deutscher Text: Arne Kopfermann © 2011 JANZ Musikverlag adm. by Gerth Medien, Asslar

Ich merke, wie ich kurz aufhöre zu atmen; ich erschrecke mich. Dann kommt in mir wieder das Bild, dass ich mich in Gottes Armen berge.

Ich höre: „Steh ich heute auf". Ich sitze so, als wollte ich gleich aufstehen, tu es aber nicht, bleibe sitzen und höre nur zu. Mir kommen die Tränen: Ja, das ist das Lied, mit dem ich aufstehen kann, nach vorne gehen kann. Bei Gott finde ich das schützende Geländer, dass ich brauche. Gott – Er hört mir zu, Sein Arm birgt mich, Sein Zuspruch gilt mir immer. Er hält mein Leben, nichts trennt mich von Ihm! Gott geht vor mir her, geht mir nach, seine Hand umschließt mich fest – geniale Gedanken, die so viel Mut und Kraft schenken. Ein Lied, bei dem mir Musik und Text sehr gut gefallen! Wie viel Segen für mich von dieser Musik ausgeht; danke, Herr!

17.3.2014

Bei „I Cry Aloud" kommt mir wieder diese Vorstellung, wie meine Mutter mir den Rücken zukehrt. Ich spüre einen tiefen Schmerz in mir, fühle mich abgelehnt. Und mir kommt dann auch mein Vater in den Sinn, von dem ich mich nie geliebt gefühlt habe. Zu meiner einzigen Schwester habe ich auch wenig Kontakt. Auch sie musste viele tiefe Verletzungen in ihrem Leben ertragen, auch als Erwachsene. Leider kennen sie alle nicht Jesus, der verwundete Herzen heilen kann und will! Der Gedanke macht mich traurig! Wie gut wäre es für sie, wenn sie sich diesem wunderbaren Herrn öffnen würden!

Viele, viele Tränen fließen bei mir. Ich weiß, dass das zum Heilungsprozess dazu gehört!

Wie schön: Gott hört und sieht und schenkt Trost, gerade auch durch die wunderschönen Zeilen der Lieder „In deinen Armen berg ich mich" und „I Find My Rest". Ich stelle mir wieder vor, dass Gott mich in Seinen Armen hält; ich bei Ihm angenommen und geborgen bin. Ich spüre, wie sehr mich die Musik mit ihren warmen Melodien und die Bilder der Vater- und Mutterliebe Gottes trösten! Die Tränen werden langsam weniger. Ich beende diese Zeit mit „Steh ich heute auf". Ich stehe wirklich auf, halte meinen Kopf nach oben, spüre Zuversicht in mir.

18.3.2014

Am heutigen Tag verläuft die Zeit sehr ähnlich wie am Vortag. Wieder erfüllt mich die Vorstellung, dass drei meiner engsten Verwandten mir den Rücken zukehren, mit Schmerz.

Vom Kopf her weiß ich, dass ich ihre Annahme nicht wirklich brauche. Aber das innere verletzte Kind in mir braucht sie noch, wünscht sie sich. Das innere Kind in mir braucht Gottes Heilung. Dann kann ich sicher auch auf ihre Annahme verzichten. Eigentlich habe ich doch alles, was ich brauche: Gott, einen wunderbaren Mann und die phantastischen Kinder, Gemeinde und Freunde. Meine Geschwister in Jesus sind doch meine Familie. Wie froh bin ich, dass ich sie habe!!

Ich merke: Die Musik spricht genau in diese Wunde hinein, spült die Trauer raus. Sie treibt mich in Gottes Arme, bewirkt Bilder in mir von der Liebe und Geborgenheit Gottes. Und sie ist wie Balsam auf die Wunde und tut mir unendlich gut!

Ich weiß: Der Schmerz ist da, aber auch viel Trost. Mich hat Musik bisher noch nie so getröstet, wie ich es gerade erlebe! Gott ist wirklich genial in Seinem Handeln an uns!! Und ich weiß: Der Schmerz wird mit der Zeit leiser werden, die Tränen versiegen. Ich glaube an einen Gott, der Heil und Heilung bringt. Voller Hoffnung und Mut kann ich – auch mit Tränen in den Augen – aufstehen, weil Gott vor mir hergeht…

♫ ♫ ♫

Seit einigen Wochen wusste ich, dass ein Besuch meiner Eltern für 5 Nächte Ende März anstehen würde. Ich hatte vorher Angst, wie wohl alles verlaufen würde. Ich fühlte mich so schutzbedürftig, hatte Angst vor neuen Verletzungen. Das brachte ich Gott im Gebet. In der Ecke kam mir im Hinblick auf diesen recht langen Aufenthalt von ihnen ein neues Bild beim Hören der Musik: Ich sehe meine Eltern und Schwester mit dem Rücken zu mir. Gott kommt von vorne, stellt sich zwischen ihnen und mir, hält mich in Seinen Armen und verstellt mir damit sogar den Blick zu diesen mir zugekehrten Rücken. Ich weine sehr, spüre aber auch den Trost Gottes durch die Musik und diese Bilder der Annahme Gottes. Er will mich schützen, wenn sie kommen.

Ich weiß noch, wie ich mich damals fragte, was ist, wenn sie mich wieder verletzen. Mir kam mal wieder ein anderes Lied in den Sinn: „Ich fliege in deinen Arm". Die Vorstellung gefiel mir so gut: In Gottes Arme zu fliegen, mich bei Ihm zu bergen und zur Ruhe zu kommen in Seiner Liebe, wie ein Kind, dass in die Arme seines liebevollen Papas rennt und von ihm freudig durch die Luft gewirbelt wird.

Immer wieder hatte ich Sorge, wie wohl der Besuch verlaufen würde. Aufgrund der großen räumlichen Entfernung möchten meine Eltern stets mehrere Tage lang bleiben. Ich kann das gut verstehen, aber für mich waren ihre letzten Besuche stets eine große Herausforderung. Beim Besuch im Oktober war ich sogar krank mit einem starken Infekt in den Nebenhöhlen. Einige Frauen, mit denen ich für Schulen bete, stellten fest, dass ich auf sie schon gestärkter wirken würde; das machte mir Mut. Die Zeit in der Ecke, diese intensive Zeit mit Gott, tat mir gut! An verschiedenen Orten im Haus hing ich u.a. das Leuchtkreuz auf, Bibelverse sowie das Motiv „Bleib sein Kind", damit alles das mich erinnern konnte an die Annahme Gottes. Außerdem hatte ich ja den MP3-Player auch noch, um zwischendurch meine Musik hören zu können, die mir immer so viel Kraft und Trost schenkte. Ich sammelte wieder Beterinnen um mich, die für den Besuch beten sollten. Auch in der Seelsorge sprachen wir darüber.

In den Tagen vor ihrem Eintreffen kamen mir in meiner Ecke die Bilder der Ablehnung, dann, dass Gott sich zwischen ihnen und mir stellte und mich so schützte zu der schon genannten Musik. Viele Tränen flossen, aber ich fühlte mich auch gestärkt durch diese Zeit mit Gott.

Kurz bevor meine Eltern kamen, verschlimmerte sich ein Infekt; wieder die Nebenhöhlen, wie schon beim letzten Besuch von ihnen. Eine psychosomatische Reaktion konnte ich nicht ausschließen… Aber so hatte ich die Möglichkeit, mich ganz „legal" immer wieder rausziehen zu können, mich zurückzuziehen, was mir vor allem auch psychisch gut tat. Ich legte mich zwischendurch hin, betete, hörte meine Musik.

Die Kinder lieben die CD von Danny Plett „Bibelverse singend lernen" und die zweite Nachfolge – CD auch. Sie hatten sich etwas Besonderes überlegt, ohne mein Zutun: Sie wollten ein kleines Konzert geben mit Liedern von dieser CD. Da ich als Musiktherapeutin viele Rhythmusinstrumente besitze, übten sie vorher mit diesen und der Musik von Danny Plett. Meine Eltern hatten große Freude am Musizieren und Tanzen der Kinder und hörten quasi ganz nebenbei noch Bibelverse. Auch das gehörte zur Absicht unserer Kinder, die schon kleine Missionare sind.

Ich selbst hörte in dieser Zeit morgens täglich mindestens einmal „Steh ich heute auf", weil es mir so viel Mut und Kraft für den Tag schenkte und meinen Blick auf Gott lenkte, der Vater und Mutter ist. Anschließend hörte ich meinen Lieblingssender, den Evangeliumsrundfunk (ERF), den ich manchmal meinen „Überlebenssender" nenne.

Mir war es immer wichtig, meine Eltern zu ehren. Es ist ein Gebot Gottes. Doch was heißt das? Immer das zu tun, was die Eltern sich wünschen, selbst wenn man erwachsen ist? Sie für fast eine Woche bei sich wohnen zu lassen, auch wenn es eine große psychische Belastung darstellt? Auch das waren Fragen, die in der Seelsorge vorkamen. Ich merkte, dass ich bei diesem Elternbesuch besser zurecht kam mit der Situation. Es stand nicht mehr so stark im Vordergrund, ihnen gefallen zu wollen. So konnte ich schon mehr ich Selbst sein. Ich bin noch auf dem Weg, aber ich habe durch Seelsorge und der Wohlfühlecke dazugelernt, Veränderung ist schon passiert. Es muss noch einiges geschehen, aber es braucht Zeit, das ist klar! Es gab für mich immer wieder schwierige Situationen in diesen Tagen, auf die ich an dieser Stelle nicht näher eingehen möchte. Aber Gott war da!

Verschiedene Dinge hatten letztlich dazu geführt, dass ich die Beziehung zu meinen Eltern als sehr schwierig erlebe. Sie hatten es an vielen Punkten in ihrem Leben nicht einfach und tragen auch an Altlasten aus ihren Kindheitstagen. Schade ist nur, dass sie sich diesen Dingen nicht gestellt haben und auch Gott kein Platz in ihrem Leben hat, zumindest nicht, soweit ich das beurteilen kann. Ich wünsche mir sehr, dass sie sich Jesus öffnen, der auch ihr Leben reich und sinnvoll machen kann und will, der ihnen Heil und innere Heilung schenken will! Er möchte das für alle Seine Geschöpfe! Mir bleibt nur, sie immer wieder in meine Gebete einzuschließen, ihnen zu vergeben, wo sie mich verletzt haben und mich noch mehr – besonders von meiner Mutter – abzunabeln, letztlich noch mehr erwachsen zu werden.

Immer wieder legte ich mich in diesen Tagen zwischendurch hin. Einmal bin ich beim Hören der Musik eingeschlafen, so sehr konnte ich bei ihr entspannen und zur Ruhe kommen.

Wir hatten jetzt eineinhalb Jahre meine Eltern nicht mehr besucht. Sie waren ein paar Male bei uns. Nun schlug meine Mutter vor, ob wir nicht in den Pfingstferien auf der Fahrt zur Nordsee bei ihnen einen Zwischenstopp einlegen wollten. Ich konnte mir das nicht so recht vorstellen. Gerade der Rückzug tat mir so gut in diesen Tagen; bei meinen Eltern ist es fast nicht möglich, sich zurückzuziehen. Sich dort eine Unterkunft zu nehmen, wollten meine Eltern nicht. Ich beschloss erst mal, darüber zu beten und versuchte diesen Gedanken loszulassen. Jetzt musste ich erst mal diese Tage hinter mich bringen.

In diesen Tagen des Besuches kam Salina zu mir und sagte mit einem Mal: „Mutti, ich bin so froh, dass es Danny Plett gibt!" Ich konnte nur schmunzeln und dem zustimmen. Herrlich, wie erfrischend offen und ehrlich Kinder sind! Wir Erwachsene können noch viel von ihnen lernen! Ja, wenn ihr nicht werdet wie die Kinder…; so steht es ja auch in der Bibel (Matthäus 18,2 und 3). Im Februar wollte sie ihm unbedingt ein Bild malen und ihm schreiben, wie sehr ihr seine Musik gefällt. Ich muss gestehen, dass ich sie bremsen wollte. Aber Rainer unterstützte das, wollte ihr den Wunsch erfüllen und scannte ihr Bild ein. Und „ab ging's" nach Kanada. Am nächsten Tag kam ein herzliches Dankeschön zurück, über das sich Salina sehr freute!

In den Tagen des Elternbesuches konnte ich nicht in meine Wohlfühlecke gehen, da meine Eltern im Dachgeschoss übernachteten. Nach ihrer Abfahrt begab ich mich wieder in diesen besonderen Raum der Nähe Gottes. Ich war froh, diese Tage überstanden zu haben.

♫ ♫ ♫

Einen Tag nach ihrer Heimfahrt fand von Freitag bis Sonntag ein Wochenende für Frauen in Leitung bei Moms In Prayer statt. Ich hatte die ganze Zeit gebangt, ob ich körperlich wieder fit sein würde bis zum Wochenende. Gott schenkte es, und ich war sehr dankbar dafür. So eine Ermutigung für diese ehrenamtliche Arbeit tut immer gut! Ich freute mich auf diese Zeit. Es war ein gutes, gesegnetes Wochenende mit viel Sonnenschein, guten Begegnungen und Gesprächen. Zwischendurch ging ich alleine spazieren und hörte dabei „meine Musik".

Eigentlich hatte ich gedacht, ich könnte ein wenig abschalten von meiner Geschichte der Heilung, die Gott in meinem Leben schrieb. Aber Er hatte einen anderen Weg:

Eine Frau erzählte dort von ihrer Krebserkrankung im letzten Jahr. Sie berichtete von dieser so schweren Wegstrecke, die sie durchleben musste. Es war sehr bewegend, ihr zuzuhören. Damals wurde ihr der Vers aus Jesaja 53,5 sehr wichtig, dass wir durch Jesu Wunden geheilt sind. Wir sollten Jesus unseren Schmerz bringen, sagte sie. Ich merkte, wie mir schon leicht die Tränen in die Augen traten und dachte an meinen inneren Schmerz. Gott hätte sie geheilt, so die Referentin. Es war eine große Betroffenheit im Raum. Ich wollte stark sein, nicht vor fast 30 Frauen weinen und merkte, wie ich innerlich versuchte, mich zu verschließen, das Ganze nicht so an mich herankommen zu lassen. Einigen standen bereits die Tränen in den Augen. Und dann geschah etwas, womit ich nicht rechnen konnte: Eine andere Frau stand auf, holte sich eine Altblockflöte und spielte das Lied: "Du siehst die Wunden und heilst mein Herz…". Da brach der ganze Schmerz aus mir heraus und ich weinte bitterlich. Keiner im Raum kannte meine musikalischen Vorlieben außer Gott allein! Und wieder hatte Er durch „meine" Musik mitten in meinen Schmerz hineingesprochen! Die Referentin und die Flötenspielerin kamen dann auf mich zu, sangen mir dieses Lied zu, hielten mich fest und beteten für mich. Ich weinte noch lange an diesem Abend. Aber es war gut, unter Glaubensgeschwistern zu sein und gut, dem Schmerz und den Tränen Raum zu geben! Ich blieb auch nicht die einzige, die weinen musste. Eine Teilnehmerin, die ich kaum kannte, sprach mich an und hatte ein Bild für mich:

Jesus sucht ein Lamm, mich. Ich laufe ziellos hin und her. Er nimmt das Lamm in Seine Arme.

Als Zeichen dafür, dass wir durch Jesu Wunden geheilt sind, hatte die Referentin einen roten Mantel bzw. Umhang mit dabei. Beim Beten hatte sie ihn mir umgehängt. Am Ende des Abends feierten wir noch das Abendmahl. Durch Jesus sind wir Königskinder, weil Er der König ist. Als Symbol dafür bekam jede Frau eine Krone geschenkt. Es tat gut, sich bewusst zu machen, eine Prinzessin von Jesus zu sein, von Ihm so wertgeschätzt zu werden!

In dieser Nacht kam ich kaum zur Ruhe. Ich bat Gott um Kraft für die Zugfahrt nach Hause. Einen ganz entscheidenden Satz hatte ich mitgenommen: „… durch Seine Wunden sind wir geheilt (Jesaja 53,5)".

Komm hin zum Kreuz[5]

Komm hin zum Kreuz, dem Ort der Tränen, wo tief im Meer Gott die Sünde versenkt. Komm hin zum Kreuz, dem Ort der Vergebung. Der gute Hirte lädt dich dorthin ein.

1. *Wenn du schwach bist, verwundet und klein, voller Ängste, verzweifelt, allein. Gott will dich heilen und befrein. Tauch in die Fluten, er wäscht dich rein.*

2. *Leid und Schande nahm Jesus in Kauf. Die Herrlichkeit Gottes gab er für dich auf. Laufe zum Kreuz, er lädt dich ein. Im Meer seiner Gnade tauche ein.*

31.3.2014

Ich sitze in meiner Ecke im Dachgeschoss und bitte den Heiligen Geist um Leitung für diese Zeit. Ich höre aus der CD „Du siehst die Wunden" das Lied: „Komm hin zum Kreuz".

Bisher war mir Gott als Mutter- und Vater-Gott wichtig. Ich merke, dass mir nun der Gekreuzigte in den Blick kommt. Er kennt das alles: Schmerz an Leib und Seele, Ablehnung, Leid, Verlassenheit von Seinen besten Freunden und das Schlimmste, Verlassenheit sogar von Gott! Ich denke, ich sollte zum Kreuz gehen, dem Ort der Tränen. Jesus kennt all das auch, was ich erleide, alles und ER hat noch viel, viel mehr erlitten! Ja, ich will zum Kreuz gehen, durch Seine Wunden bin ich geheilt.

Ich lese Worte aus Jesaja 53,3 bis 5:

„Fürwahr, er trug unsere Krankheit und lud auf sich unsere Schmerzen. Wir aber hielten ihn für den, der geplagt und von Gott geschlagen und gemartert wäre.

---

5   Plett, Danny: „Komm hin zum Kreuz" Originaltitel: „Come To The Cross"; Text und Musik: Danny Plett; Deutscher Text: Arne Kopfermann, Ute Meißner © 2007 JANZ Musikverlag adm. by Gerth Medien, Asslar

Aber er ist um unsrer Missetat willen verwundet und um unsrer Sünde willen zerschlagen. Die Strafe liegt auf ihm, auf das wir Frieden hätten, und durch seine Wunden sind wir geheilt."

Ich will zum Kreuz gehen, lasse mich von Ihm berühren und heilen. Ich höre anschließend das nächste Lied auf dieser CD: „Du siehst die Wunden und heilst mein Herz".

Ich sitze in meiner Ecke, die für mich schützenden Charakter hat. Mir wird bewusst: Ehe ich aufstehe und diese Ecke verlasse, muss ich erst zum Kreuz gehen und um Heilung bitten.

Als Letztes höre ich das Lied „Wie ein Strom". Ich stelle mir dabei vor, dass ich unter dem Wasserfall der Liebe Gottes stehe und die Liebe Gottes mich erfüllt.

1.4.2014

Ich beginne mit dem wunderschönen Anbetungslied „Dich, Herr, will ich suchen" und bete Jesus als König an. Dann höre ich die altbekannten Lieder „I Cry Aloud", „I Find My Rest", „In deinen Armen berg ich mich" und „A Miracle". Mir kommen die Bilder der Ablehnung und ich spüre Schmerz in mir, weine. Dann aber auch die vertrauten Bilder der Annahme Gottes, der Geborgenheit bei Ihm. Ich genieße „Love With No End". Anschließend folge ich der Einladung „Komm hin zum Kreuz". Mir kommen erneut die Tränen: Das Lied ist so eine schöne, warme Einladung, zum Gekreuzigten zu kommen! Das tut so gut. Er will heilen und befreien, heißt es im Text; das spricht mich an.

Mir fällt beim Bibeltext aus Jesaja auf, dass dort nicht steht, dass wir geheilt werden, sondern, dass wir geheilt sind! D.h., es ist schon geschehen. Vielleicht müssen wir nur noch in diese Heilung hineinschlüpfen, wie in einen Mantel; ich denke an diese Moms in Prayer Tage…

Ich höre das Lied „Du siehst die Wunden" und denke an die letzten Zeilen daraus: Du siehst die Wunden und heilst mein Herz, o, wie wunderbar bist Du. – Ja, Gott ist wirklich wunderbar!

3.4.2014

Ich wähle dieselbe Reihenfolge der Lieder. Es kommen noch viele Tränen zu Beginn. Der Schmerz ist groß. Aber immer wieder weine ich auch, weil mir die Musik so ganz tief gut tut! Sie hat so viel Wärme und tröstet mich so sehr! Genial, wie Gott das macht! So etwas habe ich noch nie erlebt! So viel Segen durch Musik... Da fließen richtige Segensströme!

Erst gehe ich in die Nähe Gottes, dem Vater- und Mutter-Gott, wie ich es nenne, dann zum Gekreuzigten. Ich stelle mir vor, wie ich vor dem Kreuz kniee, danke Jesus für die Ablehnung und Verlassenheit, die Er getragen hat. Ich höre „Mit jedem Hammerschlag". Bei diesem Lied hört man regelrecht, wie Jesus von den Einschlägen des Hammers getroffen wird. Ein sehr ergreifendes Lied, finde ich. Bei „Du siehst die Wunden" bitte ich um innere Heilung und berufe mich dabei auf den Vers aus Jesaja. Mit Tränen in den Augen singe ich den Lobteil dieses Liedes mit. Bevor ich in den Alltag zurückgehe, stelle ich mich unter dem Wasserfall der Liebe Gottes mit dem entsprechenden Lied:

Wie ein Strom[6]

Wie ein Strom der in das Meer fließt,
immer während, unverändert, unendlich.
Wäscht dein Liebesstrom meine dunklen Schatten fort.
Komm, Heiliger, und durchströme neu mein Herz.

Wie die Flut das Land durchtränkt,
hast du dich an mich verschenkt.
Klarer als die klarste Quelle, tiefer als die tiefste See.

---

6   Plett, Danny: „Wie ein Strom" Originaltitel: „Like A River"; Text und Musik: Danny Plett; Deutscher Text: Arne Kopfermann © 2004 JANZ Musikverlag adm. by Gerth Medien, Asslar

Wie die Flut das Land durchtränkt,
hast du dich an mich verschenkt.
Fließt dein Liebesstrom voller Macht und Stärke.

4.4.2014

Und wieder berge ich mich in Seinen Armen nach den Bildern von Ablehnung. Ich brauche das, ehe ich mich wieder zum Kreuz einladen lasse. Ich fühle mich wohl in Jesu Nähe und verstanden. Er kennt meinen Schmerz, hat all das auch erlitten. Ich bitte Ihn um tiefe Heilung der Wunden aus Kindheitstagen, aber auch der neu zugefügten.

„Wie ein Strom…" höre ich und bete: Lass Deinen Liebesstrom voller Macht und Stärke auch mich durchfließen.

Diese Zeit in der Ecke – ich nehme sie mir fast täglich, weil ich sie brauche, sie mir gut tut. Ich merke, dass langsam Heilung geschieht in der Gegenwart Gottes. Es ist eine sehr intensive Zeit in der Nähe Gottes, durchzogen durch viel Gebet.

5.4.2014

Ich erreiche das Lied: „Komm hin zum Kreuz" und genieße dies: Es ist so eine warme Einladung zu Jesus dem Gekreuzigten zu gehen, zu Ihm zu kommen. Gerne nehme ich diese Einladung an. Es ist so gut, in meiner Vorstellung unter dem Kreuz zu knien, meinem Retter und Herrn so nah zu sein! Von Vergebung ist die Rede. Ich habe meinen Eltern bereits zu einem früheren Zeitpunkt vergeben und will es hier nochmals tun. Ich stoppe die CD. Ich formuliere ein Gebet schriftlich und spreche es dann laut:

Jesus, ich komme zum Kreuz, dem Ort der Tränen. Danke, dass Du die Herrlichkeit Gottes für mich verlassen hast, danke für all Deinen Schmerz, dafür, dass Du Ablehnung, Verlassenheit auch durchlebt hast. Danke, dass Du für mich in

KOMM HIN ZUM KREUZ

den Tod gingst, um mich zu erlösen, mich mit Gott zu versöhnen, aus Liebe zu mir – danke, Jesus!

Jesus, ich vergebe Mutti und Vati, dass ich durch sie Ablehnung und Verlassenheit und daraus folgend auch viel Angst, Traurigkeit und inneren Schmerz durchleben musste. Ich vergebe ihnen. Ich vergebe ihnen auch, dass ich mich in den letzten Jahren abgelehnt gefühlt habe von ihnen, ich vergebe meiner Schwester, dass ich mich von ihr abgelehnt fühle und fühlte. Bitte vergib mir, wo ich in meinem Tun und Lassen ihnen drei gegenüber und vor Dir schuldig geworden bin. Herr, vergib mir. Und du siehst die Wunden, die geschlagen wurden. In Deinem Wort steht, dass ich durch Deine Wunden geheilt bin. Jesus, heile Du meine Wunden, heile Du das verletzte innere Kind in mir. Heile Du die Wunden, die meine Eltern und Schwester in mir geschlagen haben, ohne es ja zu wollen. Danke, dass Du Heil und Heilung bringst. Dir sei die Ehre, Jesus, dem Gekreuzigten und Auferstandenen. Amen.

Ich höre „Du siehst die Wunden". Mir kommen Tränen: Das Lied tut mir so gut, tröstet mich. Mein Gebet ist: Du siehst die Wunden und heilst mein Herz, o, wie wunderbar bist Du!

Ich denke an die Worte meiner Seelsorgerin: Die Musik weicht Verkrustungen auf, ist der Schlüssel zum verletzten inneren Kind. Es geht letztlich um Heilung der Gefühle. Durch die Musik komme ich an meine Gefühle heran.

„Wie ein Strom", eines meiner inzwischen vielen Lieblingslieder von Danny Plett. „Wäscht dein Liebesstrom meine dunklen Schatten fort…" – ich denke an die dunklen Schatten meines Lebens: Ablehnung, Verlassenheit, Angst, Traurigkeit. „Komm, Heiliger, durchströme neu mein Herz" mit Deiner Liebe, so mein Gebet. „…hast du dich an mich verschenkt – fließt dein Liebesstrom voller Macht und Stärke".

Ich bin tief berührt, kann nur über Gott staunen, wie sehr ER mir begegnet durch diese Texte und Melodien. So etwas müsste man sich alles mal aufschreiben, nicht nur so mitschreiben, wie ich es im Moment tue. Ich halte das für einen ganz besonderen Weg, den ER mit mir geht. Sein Wirken ist wirklich genial! Das wird mir in diesen Prozessen immer wieder bewusst. Gott ist unglaublich! Und ich merke: andere Musik, die ich so höre, bleibt bei mir im Kopf hängen. Aber viele der Lieder von Danny Plett sprechen mir direkt ins Herz.

Ja, vielleicht sollte ich das alles mal als Text in den Computer schreiben. Ergänzend dazu wäre es schön, wenn es eine CD mit den Liedern, die mir so wichtig wurden, gäbe. Dazu zählen bisher folgende:

Dich, Herr, will ich suchen

I Cry Aloud

I Find My Rest

In Deinen Armen berg ich mich

Love With No End

Komm hin zum Kreuz

Du siehst die Wunden

Wie ein Strom

Das wäre sicher spannend für mich, so etwas nach längerer Zeit nochmals nachlesen zu können!

6.4.2014

Heute ist Sonntag. Ich sitze sehr traurig in meiner Wohlfühlecke. Einerseits fühle ich mich dort wohl, weil es der Raum der besonderen Gottesbegegnung ist, andererseits ist es der Ort, an dem mir immer auch zuerst der tiefe Schmerz bewusst wird. Es ist weiterhin so: Mir kommen die Bilder der Ablehnung, die Schreie ins Leere, die mir zugekehrten Rücken, dann die Vorstellung, dass Gott mich in Seine Arme nimmt. Und nun, noch relativ neu der Gedanke, dass ich zum Kreuz laufe, mich hinkniee, mir den Gekreuzigten ansehe.

Heute wurde mir die lebendige, relativ laute Lobpreismusik im Gottesdienst fast zu viel. Ich brauche im Moment die eher leiseren Töne und bin froh über „meine Musik".

„…während du schwach bist, verwundet und klein, voller Ängste, verzweifelt, allein, Gott will dich heilen und befrein…"; dieser Text spricht mich sehr an, tut so gut!

Innerlich beuge ich mich vor dem Kreuz und betone nochmals, dass ich meinen Eltern und meiner Schwester vergebe. Ich bete um innere Heilung für mich: Herr, heile Du mein Herz.

„Wie ein Strom": Ich bete, dass Gott mit Seiner Liebe mein Herz durchströmt. Ich freue mich, dass Jesus sich durch sein Sterben an mich verschenkt hat. Mein Gebet ist: Herr, durchströme mein Herz mit Deiner Liebe und lass diese Liebe weiterfließen zu meinen Eltern und meiner Schwester.

7.4.2014

Heute ist wieder so ein Tag, an dem ich wenig Zeit habe, ins Dachgeschoss zu gehen. Mir bleibt keine Stunde, aber zumindest eine kurze Zeit möchte ich die Nähe Gottes genießen.

8.4.2014

Vor dem Kreuz angekommen bete ich, dass Jesus auch meine Eltern und Schwester zum Kreuz lockt, sie zu sich zieht. Seit fast 25 Jahren ist das mein Gebet, dass sie zu Jesus finden, der ihr Leben neu, sinnvoll, hell machen möchte. Am liebsten würde ich die drei an die Hand nehmen, sie liebevoll zu Jesus ziehen. Ich kann sie nicht retten; der Retter ist und bleibt Jesus! Ich kann nur in aller Treue weiter für sie beten. Ich sage es Jesus, dass ich es loslassen will, sie retten zu wollen, sie zu Ihm ziehen zu wollen. Jesus selbst ist es doch, der sich noch viel mehr als ich mir wünsche, dass sie in Ihm Erlösung und auch innere Heilung für ihre inneren Wunden finden! Er wünscht sich eine Beziehung zu jedem Menschen; sie sind ja Seine Geschöpfe. Und Er möchte jedem ein sinnerfülltes, gelingendes Leben schenken in Seiner Nähe. Jesus sagt im Johannesevangelium

Kapitel 10,10[7]:" Ich bin gekommen, um ihnen Leben zu bringen – Leben in ganzer Fülle".

Ich kann das für mein Leben nur bestätigen, dass Er das tut!

Ich halte mich im Moment so gerne in Gedanken vor dem Kreuz auf! Für den Lobpreis in meinem Frauenkreis möchte ich Lieder suchen, in denen es ums Kreuz geht, um Jesu Leid und Tod, nicht schon um Auferstehung. Ich durchsuche zwei dicke Lobpreisliederbücher und finde wenige Lieder, die nicht sofort auch schon den Auferstandenen im Blick haben. Irgendwie schade! Ich freue mich, dass es auf der CD von Danny Plett, die ich auch viel höre ("Du siehst die Wunden") gleich vier Lieder gibt. Sie tun mir so gut. Es sind die Lieder:

Komm hin zum Kreuz
Am Stamm des Kreuzes
Du hast den Weg ans Kreuz gewählt
Mit jedem Hammerschlag

Ich habe den Eindruck, dass mir all das innere Heilung bringt: Die inneren Bilder der Liebe Gottes und der Geborgenheit bei Ihm, die vielen Gebete, die Musik.

Die Seelsorge ist auch sehr wichtig. Aber dort geht es mehr um die rationale, theoretische Sache des Ganzen. Auch um die Frage, wie ich mit meinen Eltern umgehen soll.

Mein Gebet ist, dass Gott mich befreit vom verletzten inneren Kind zum freien inneren Kind.

♫ ♫ ♫

In diesen Tagen der Passionszeit machte ich eigentlich immer dasselbe Liedprogramm durch und das nahezu täglich. Mir tat es gut, erst in Gottes Gegenwart Seine Liebe und Geborgenheit bei Ihm zu suchen und anschließend unter

---

7   Neue Genfer Übersetzung – Neues Testament und Psalmen © 2011 Genfer Bibelgesellschaft Wiedergegeben mit freundlicher Genehmigung. Alle Rechte vorbehalten.

das Kreuz zu gehen. Zu der Zeit hatte ich auch im Alltag oft richtige emotionale Einbrüche, wie ich es nannte. Ich fühlte mich elend, tief traurig und wünschte mir, aus dieser schwierigen Zeit bald herauszukommen. Meine Seelsorgerin sagte mir damals, dass viele nicht den Mut hätten, sich diesen Prozessen zum Thema „Das innere Kind" zu stellen. Ich verstand das gut! Mir kostete es viel Kraft und Tränen. Zwischendurch hätte ich am liebsten auch alles hingeschmissen. Aber ich wusste, dass ich nur innerlich gesund werden kann, wenn ich mich dem stelle. Und mir war auch klar: Die Musik, die mir so gut tat, dürfte ich dann auch nicht mehr hören, weil sie mich immer wieder auf dieses Thema stößt. „Vor Ostern kommt immer erst der Karfreitag", so meine Seelsorgerin. Manchmal sehnte ich mich nach meinem persönlichen Ostern. Aber es war gut, einen wunderbaren Mann zu haben und Geschwister in Jesus, die längst nicht alles wussten von diesen Prozessen, in denen ich steckte, mir aber Mut machten und das Ganze im Gebet mittrugen.

Vor dem Kreuz betete ich viel, dankte Jesus für Sein Leid, dass Er für mich, für meine Errettung auf sich nahm, um mich mit dem himmlischen Vater zu versöhnen. Ich dankte Ihm, dass sich ja gerade darin Seine Liebe zu mir zeigt. Ich bat Ihn immer wieder, dass Er meine Eltern und Schwester zu sich zieht und um Heil und Heilung für sie. Stets bat ich Jesus, dass Er meine inneren Wunden heilt und wünschte mir von Ihm, dass Er mein Herz mit Seinem Liebesstrom durchfließt. Unter dem Kreuz wurde mir auch nochmals neu bewusst, dass ich immer noch unter Ängsten litt, obwohl Gott ja auch da schon viel getan hatte. Ich brachte sie Ihm und bat Ihn, dass Er sie mir nehmen möge. Ich sagte Ihm: „Jesus, nimm die Ängste, die nicht gut sind, die mir das Leben einschränken und vermiesen wollen, die mir schaden."

Die Karwoche war geistlich sehr intensiv für mich. Einige Tage ging es mir so elend, dass ich beim Lobpreis beim Gottesdienst am liebsten rausgegangen wäre. Keine Musik schien mich zu erreichen, außer der, die Gott mir geschenkt hatte! Manchmal fragte ich mich später, was gewesen wäre, wenn ich die Musik nicht gehabt hätte. Vielleicht wäre ich in eine tiefere Depression gerutscht; ich weiß es nicht. Gott sei Dank ging es mir nur einige Tage so schlecht, dass ich für andere Musik nicht mehr offen war! Ich sehnte mich nach einem persönlichen Ostern, danach, dass es mir besser gehen würde.

Zwischendurch fragte ich Gott, was kommen würde nach dem Knien vor dem Kreuz. Recht schnell wurde mir klar: Aufstehen mit dem entsprechenden Lied: „Steh ich heute auf". Mir wurde bewusst: Für den weiteren Weg brauchte ich viel Halt, Schutz, Seine Nähe. Aber genau das spricht mir dieses Mut machende Lied zu.

Am Karfreitag fragte ich dann Gott, wie es weitergeht, nachdem ich unter dem Kreuz aufgestanden bin. Es war gerade Mittagszeit; Rainer und ich machten gerade eine Ruhepause, als aus einem Kinderzimmer das Lied von Danny Plett sehr deutlich zu hören war: „Der Herr ist mein Hirte…". Ich schmunzelte: War das die Antwort auf mein Gebet? Der Psalm 23? Die Kinder und ich lieben diesen Psalm:

> *„Der Herr ist mein Hirte, mir wird nichts mangeln.*
> *Er weidet mich auf einer grünen Aue und führet mich*
> *zum frischen Wasser.*
> *Er erquicket meine Seele.*
> *Er führt mich auf rechter Straße um seines Namens Willen.*
> *Und ob ich schon wanderte im finstern Tal, fürchte ich kein Unglück;*
> *denn du bist bei mir, dein Stecken und Stab trösten mich.*
> *Du bereitest vor mir einen Tisch im Angesicht meiner Feinde.*
> *Du salbest mein Haupt mit Öl und schenkest mir voll ein.*
> *Gutes und Barmherzigkeit werden mir folgen mein Leben lang,*
> *und ich werde bleiben im Hause des Herrn immerdar."*

Die ersten beiden Verse hat Danny Plett vertont. Es gehört zu unseren Lieblingsliedern von ihm, deshalb „mussten" die Kinder dieses Lied laut hören. Rainer ärgerte sich etwas, weil er dadurch geweckt wurde. Ich schmunzelte: Gott hatte eine Alltagssituation gebraucht, um mir zu zeigen, wie es im Heilungsprozess weitergehen sollte. Wieder zum Staunen, wie Er das machte! Ich betete in den nächsten Tagen, fragte Gott weiter, ob das so richtig ist. Er bestätigte es: Nun kam mir Jesus als der gute Hirte in den Blick.

Steh ich heute auf – Der Herr ist mein Hirte[8]

Der Herr ist mein Hirte, mir wird nichts mangeln.
Er weidet mich auf einer grünen Aue und führet mich,
führet mich und führet mich zum frischen Wasser.

Im Karfreitagsgottesdienst ging es um das Besondere vom Samstag vor Ostern. Im anschließenden Gespräch mit meiner Seelsorgerin meinte sie zu mir: „Manche bleiben beim Samstag stecken, finden nicht den Mut, Ostern zu feiern, scheuen das Neue, letztlich das Gute, das Ziel, das sie erreichen wollen, weil es noch so fremd und unbekannt ist, es unsicher macht." Irgendwie klangen diese Worte in mir nach. Ich fragte mich, ob ich weitergehen kann, obwohl immer noch Schmerz in mir ist. Ich fühlte mich inzwischen schon sehr getröstet. Müsste nicht erst der Schmerz weg sein oder heilt Jesus auch im Weitergehen, so meine Überlegungen. Mir wurde klar, dass ich jederzeit in diese Ecke wieder zurückgehen kann. Ich brauchte weiterhin Schutz und die Nähe Gottes. Mir wurde bewusst, dass ich den guten Hirten brauche. Es wäre gut, „Steh ich heute auf" zu hören und noch „Der Herr ist mein Hirte".

An diesem Karfreitag, 18.4.2014, kommen mir folgende Bilder in den Sinn: Der gute Hirte, Beschützer, Versorger, jemand, der auf mich aufpasst, ich stehe auf einer Wiese. Jesus hat mich im Blick, sieht und hört mich, macht meine Seele satt, versorgt mich an Körper, Seele und Geist, schenkt mir Geborgenheit. Wenn ich mich verletze, heilt Er die Wunden, wenn ich Ihm weglaufe, geht Er mir nach, bis Er mich gefunden hat, nichts entreißt mich Seiner Hand (Johannes 10). Er führt und leitet mich zum frischen Wasser. Und im finsteren Tal ist Er bei mir. Ich darf für immer in der Nähe des guten Hirten bleiben, der ja sogar für mich gestorben ist!

Jesus, der gute Hirte, stand nun für mich im Mittelpunkt.

---

8   Plett, Danny: „Der Herr ist mein Hirte"; Text: Psalm 23,1–2; Musik: Danny Plett

19.4.2014 (Karsamstag)

Ich sitze in der Ecke, höre die bekannten Lieder. Ich spüre noch recht viel Schmerz. Kann ich wirklich aufstehen und weitergehen? Aber im Schmerz steckenzubleiben ist auch nicht richtig! Ich denke an den Psalm 23. Bei „Du siehst die Wunden" werde ich mit einem Mal unruhig, möchte am liebsten rausgehen aus der Situation. Ich bitte den Heiligen Geist, dass Er mich leitet, wie ich weitermachen soll. Nur wenige Sekunden würde ich mir wünschen, jemand wäre noch mit mir im Raum außer Gott. Aber sehr schnell fange ich mich wieder. Ich spüre Unsicherheit, mir fehlt der Mut aufzustehen. Aber ich will es ausprobieren, will sehen, wie es mir geht, wenn ich aufstehe. Bei „Steh ich heute auf" tu ich genau das und gehe mit dem Lied „Der Herr ist mein Hirte" wenige vorsichtige Schritte nach vorne. Ich registriere, dass ich lächle, mich irgendwie frei fühle. Die beiden Lieder sind richtige Mutmachlieder für mich! Ich stehe und sehe vor meinem inneren Auge eine Wiese mit Wolken, Sonnenschein, Blumen. Das Bild von der Wiese und dem guten Hirten gefällt mir. Zuversichtlich gehe ich in meinen Alltag zurück. Ich hatte kleine, wenige Schritte, aus meiner Ecke hinausgemacht, in Richtung meinem ganz persönlichen Ostern.

♫ ♫ ♫

Im Alltag zurückgekehrt spürte ich das in mir, was ich in der therapeutischen Situation auch gemerkt hatte: Unsicherheit, Verwirrung, auch Angst. Etwas Neues hatte begonnen. Das musste emotional verarbeitet werden. Ich sagte mir: Jesus, der gute Hirte ist da, bei Ihm darf ich sicher sein. Und ich lernte ein weiteres Lied von Danny Plett lieben: „Guter Hirte".

Guter Hirte[9]

> *1.In die Wirren der Zweifel, in die Wüste der Furcht, in das Tal meiner Sorgen komm du zu mir. Wo die Lügen mich täuschen, wo die Wahrheit verschwimmt, o guter Hirte, dich brauch ich hier.*

---

9   Plett, Danny: „O Guter Hirte" Originaltitel: „Run To Me Here"; Text und Musik: Danny Plett; Deutscher Text: Arne Kopfermann, Gundel Pawendenat © 2003 JANZ Musikverlag adm. by Gerth Medien, Asslar

Auf den Flügeln des Morgens, auf den Wellen des Meers,
o guter Hirte, komm doch zu mir her. Ich würd ohne dich sterben,
das weiß ich gewiss. Mein Hirte, ich brauch dich, so wie du bist.

2. *Wo Verwirrung mich knechtet und die Trauer mich lähmt, aus dem*
Tal meiner Trübsal rette du mich. Wenn die Kräfte mir schwinden
und die Hoffnung erlischt, o guter Hirte, dich brauche ich.

Die Melodie gefällt mir schon länger sehr, aber nun merkte ich, dass mich auch der Text ansprach und berührte.

Ich dachte noch an die Situation der Jünger am Karsamstag: Auch für sie war dieser Tag ein Tag der Verwirrung, der Unsicherheit, wie nun alles weitergehen würde. Sie fühlten sich vermutlich hilflos, waren enttäuscht. Ihre ganze Hoffnung hatten sie auf Jesus gesetzt und nun war Er tot! Die Jünger hingen in der Luft, schwammen vermutlich innerlich. Irgendwie war das auch mein Zustand. Das passte zum Karsamstag. Ich merkte, dass ich mich in eine Art Zwischenland befand. Den Karfreitag, das Erleben des tiefen Schmerzes, lasse ich etwas hinter mir, ich stand eine Zeitlang vor dem Kreuz und nun ging es weiter Richtung Schaukel, die im Dachgeschoss hängt, das freie Kind, quasi mein Ostern. Zur Zeit steckte ich noch im Zwischenland, eine Zeit der Unsicherheit mit Suche nach Halt und Schutz.

20.4.2014 Ostersonntag

In unserer Gemeinde gab es ein Osterfrühstück und eine längere Anbetungszeit, in der wir Jesus als den Auferstandenen ehrten.

Am Nachmittag sitze ich zunächst in meiner Ecke. Die Geborgenheit in der Nähe Gottes tut mir gut, brauche ich mit „meiner" Musik. Ich stehe bei dem entsprechenden Lied auf, gehe ein wenig in den Raum hinein bei dem Lied „Der Herr ist mein Hirte". Ich stehe dann seitlich zur Schaukel und sehe vor meinem inneren Auge wieder die Wiese mit Schafen, Wolken, blauem Himmel. Ich sehe aus dem Dachflächenfenster vor mir in den Sonnenschein. Das Lied vom Hirten ist mir eigentlich zu kurz; ich höre es noch einmal. Ich freue mich an dem

Lied „Guter Hirte" und kann den Text sehr gut nachempfinden: „…dich brauch ich hier." Ja, Jesus brauche ich in diesem Zwischenland, in dem Neuen! Ich bete den Psalm 23. Zur Ermutigung höre ich dann noch das wunderschöne Lied aus „Bibelverse singend lernen" „Im finstern Tal", das den Vers 4 vertont. Wie gut zu wissen, dass Gott in all dem bei mir ist!

♫ ♫ ♫

Ostern wurde mir stärker bewusst, dass es richtig ist, diese Prozesse, die ich gerade lebe, schriftlich als Zeugnis festzuhalten. Ich wollte mich daran erinnern können, was Gott Großes getan hat in meinem Leben und es als Zeugnis verleihen können. Ziel damit sollte sein, dass es anderen zum Segen wird, andere Menschen ermutigt werden, den Weg mit Gott zu gehen, aber auch ermutigt werden, sich auf innere Heilungsprozesse einzulassen. Und all das zu Gottes Ehre, dem allein alle Ehre gebührt! Die seelsorgerlichen Aspekte sollten nur am Rande vorkommen, Genaueres dazu steht sowieso in meinem Tagebuch, auch Dinge, die nicht unbedingt Freunde oder Fremde lesen sollten. Schwerpunkt sollte vor allem die Musiktherapie sein, die Gott begonnen hatte. Mir war aber da auch schon klar: Das ganze musste unter viel Gebet entstehen, da ich mit Anfechtungen rechnen musste! Satan würde es sicher nicht gefallen, wenn ich das, was ich mit Gott erlebt habe, schwarz auf weiß festhalten will und das auch anderen zugänglich machen will! Über all das redete ich nur mit Gott und zunächst noch mit keinem Menschen.

Ostern dachte ich ein wenig nach über Verse aus dem Psalm 23:
„Der Herr ist mein Hirte, mir wird nichts mangeln."

Jesus passt auf mich auf, kümmert sich um mich, hat mich im Blick, versorgt mich mit dem, was ich im Leben brauche. Nichts, was ich wirklich nötig habe, wird Er mir vorenthalten! Er macht mich satt, an Leib, Seele und Geist! Er ist immer für mich da! Er liebt mich ohne Ende, sogar bis zum Tod am Kreuz; der gute Hirte lässt sein Leben für die Schafe. Immer steht Er zu mir und verlässt mich nicht.

„Er weidet mich auf grüner Aue und führet mich zum frischen Wasser."

Der gute Hirte möchte, dass es mir gut geht und gibt mir, was mir gut tut: Grüne Wiesen, frisches Wasser. Bei Ihm ist Ruhe und Frieden. Stets versorgt Er mich mit allem Lebensnotwendigen: Nahrung und Wasser für Leib und Seele. Er beschenkt mich mit Menschen, die mich annehmen und lieben, zu mir stehen, die mein Leben reich machen und deren Leben ich bereichern kann.

„Er erquickt meine Seele. Er führet mich auf rechter Straße um seines Namens Willen."

In Seiner Nähe kann meine Seele auftanken, Kraft bekommen, Freude, sich erholen und ausruhen. Er führt mich, leitet meinen Weg und die Schritte, die ich gehe. Er meint es zutiefst gut mit mir.

22.4.2014

Ich sitze in meiner Wohlfühlecke und höre wieder die gewohnte Reihenfolge der Lieder. Nach „Wie ein Strom" höre ich noch folgende Musik:

Steh ich heute auf
Der Herr ist mein Hirte
Guter Hirte
Fürchte dich nicht (aus Jesaja 43,1)
Im finstern Tal

Ich denke: Wie ermutigend, befreiend: Steh ich heute auf. Ja, so kann ich aufstehen! Die Musik motiviert dazu aufzustehen, die Töne sind aufsteigend. Sein Schutz ist mir sicher, Sein Arm birgt mich, Er geht voraus… So kann ich ermutigt meinen Weg gehen! Schön!

Ich lächle, gehe wenige Schritte, setzte mich wieder hin, höre „Der Herr ist mein Hirte". Es ist mir zu kurz; ich höre es zwei Mal. Ich sehe aus dem Dachflächenfenster vor mir: Blauer Himmel, Wolken, die Tannen auf den Bergspitzen des Südschwarzwaldes sind zu sehen. Frühling – schön! Die Sonne scheint ins Zimmer.

„Guter Hirte" – dieses Lied geht mir heute viel durch den Kopf. Mir geht es psychisch seit zwei Tagen besser, ich fühle mich emotional stabiler. Das Bild vom guten Hirten gefällt mir sehr. Innerlich ist ein Gefühl von Unsicherheit da, leicht auch Angst – Zwischenland…

Mein Hirte: Ich brauche dich, immer und überall. Ich spüre, wie sehr ich von Jesus abhängig bin. Irgendwie ist es auch schön, mich so ganz von Ihm abhängig zu machen! Ich denke an die diesjährige Jahreslosung: „Gott nahe zu sein ist mein Glück"(Psalm 73,28).

Und dann: „Fürchte dich nicht, denn ich habe dich erlöst. Ich habe dich bei deinem Namen gerufen, du bist mein." Mir tut das Lied so gut! Es ist wie ein ganz persönlicher Zuspruch an mich.

„Im finstern Tal" – ein so Mut machendes Lied mit der Zusage: Denn du bist bei mir. Und so eine fröhliche Musik – genial! Meine Kinder und ich lieben dieses Lied sehr. Erst klingt alles sehr bedrohlich. Dann wechselt die Stimmung. Der Rest ist sehr fröhlich: Denn du bist bei mir.

Bei diesem Lied wippen meine Füße im Takt, ich lächle. Irgendwann möchte ich zu diesem Lied mal tanzen…

♫ ♫ ♫

Nach Ostern ging es mir endlich besser! Ich war sehr dankbar dafür! Diese emotionalen Einbrüche, die ich vorher immer mal wieder hatte, kamen nicht mehr – Gott sei Dank! Ich fühlte mich gelöster, wieder fröhlicher. Ich merkte: Dieses „Zwischenland" tat mir gut; ich war wieder ausgeglichener, getrösteter. Diese Zeit in der Ecke war sehr wohltuend: Die Nähe Gottes zu erleben, die Musik und die inneren Bilder, die Gott mir immer wieder schenkte, hatten Heilung bewirkt, davon war ich überzeugt! Natürlich war diese noch nicht abgeschlossen – so etwas braucht Zeit! Aber es ging mir wirklich besser!

Für mich stand dann auch fest: Diese Prozesse der inneren Heilung muss ich einfach schriftlich festhalten zur Ehre Gottes und zum Segen anderer! Seitdem die Musik von Danny Plett mir so sehr zum Segen wurde, hatte ich es auch immer vor Augen, dass ich ihm das mitteilen sollte. Er sollte wissen, wie sehr Gott ihn und seine Musik im Leben von Menschen, in meinem Leben, gebraucht, welch große Segensströme von seiner Musik ausgehen. Das wäre sicher eine große Ermutigung für ihn, dachte ich mir. Durch die beantworteten Mails und dem Konzertbesuch hatte ich ihn ja etwas kennenlernen dürfen. Das hat mich zusätzlich darin bestärkt, Mut und Vertrauen bei mir bewirkt. Außerdem hatte ich immer wieder Gott gefragt, ob und wie ich ihm das mitteilen sollte. Zunächst dachte ich an das Schreiben einer Mail, als aber alles immer umfangreicher wurde, kam die Idee, ihm dieses Zeugnis per Post oder Mail zukommen zu lassen. Wenn ich Gott fragte, hatte ich stets den Eindruck, dass Er das auch so möchte.

Mir kam die Idee, das alles in eine Tagebuchform zu bringen, schließlich saß ich ja fast täglich bisher in dieser Ecke.

Ich hörte zu dieser Zeit die CD „Wie ein Strom". Mir fiel das Lied „Wie unglaublich du bist" auf. Darin geht es um das Staunen über Gott. Und mir war schnell klar: So sollte das Schlusskapitel lauten: Wie unglaublich du bist. Das, was Gott in den letzten Monaten an mir getan hatte, brachte mich immer wieder zum Staunen über Ihn!

25.4.2014

Ich höre alle Lieder wie bisher, komme aus der Ecke heraus, trete auf die Wiese, setze mich aber. Irgendwie fühle ich mich so geschützter. Ich genieße „Fürchte dich nicht". Das Lied klingt eher tief. Aber das tut mir gut. Ich verbinde damit Bodenständigkeit, Basis, fester Grund. Es ist gut, das zu wissen: Ich bin Gottes Kind.

Bei „Im finstern Tal" habe ich vor meinem inneren Auge das Bild von einem Kind in weißen Kleidern, das über die Wiese tanzt, hüpft, fröhlich ist. So viel Unbeschwertheit, Freude, Gelöstheit spricht mich an – so war ich als Kind nie – ich habe noch was nachzuholen, so mein Gedanke. Irgendwann möchte ich durch den Raum tanzen in dem Wissen: Gott ist bei mir. Aber im Moment geht mir das noch viel zu schnell!

♫ ♫ ♫

Am Samstag nach Ostern wurde es mir nochmals neu bewusst: Mir geht es wirklich besser! Seit bereits einer Woche hatte ich nun keine emotionalen Abstürze mehr; ich war riesig dankbar dafür! Ich merkte, ich wurde auch wieder offener für andere Musik. Eine Zeitlang konnte ich fast nichts anderes hören als Danny Plett. Die Musik holte mich da ab, wo ich stand und tat mir tief gut. Das erlebte ich bei keiner anderen Musik! Aber dass ich nun wieder offener war, sah ich als gutes Zeichen! Trotzdem hörte ich seine Musik am liebsten. Ich musste mein tägliches Musikprogramm etwas kürzen; die Dauer von einer Stunde wollte ich nicht überziehen. Dadurch musste ich mich von einigen Lieblingsliedern trennen.

Ich spürte in dieser Zeit Unsicherheit. Ich hatte mir vorgenommen, irgendwann mal Zeugnis im Gottesdienst zu geben über das Erlebte. Kurze Zeit wurde ich da unsicher, ob das richtig ist, auch, ob es richtig ist, mich bei Danny Plett zu melden. Letztlich habe ich beides nie wirklich in Frage gestellt, spürte lediglich eine gewisse Unsicherheit in mir. Mir wurde auch bewusst, dass Platzängste noch da waren, vielleicht sogar etwas verstärkt? Ich merkte: Das Gefühl von Unsicherheit, dass ich in der therapeutischen Situation „auf der Wiese" hatte, fand sich im echten Leben auch wieder. Eigentlich verständlich!

Immer wieder kam mir in dieser Zeit der Gedanke: Ich fühle mich von Gott so wertgeschätzt, weil Er diesen Weg mit Musik so für mich gewählt hat. Irgendwie finde ich das lieb von Ihm und eine tolle Idee, mit einer Musiktherapeutin musiktherapeutisch zu arbeiten! Gott ist wirklich genial! Ich kann nur staunen! In mir geschieht innere Heilung durch Gebet, Musik, innere Bilder und das nun schon seit Wochen…

27.4.2014

Ich höre mein Liedprogramm. Bei „Guter Hirte" angekommen, stelle ich mir eine Wiese vor, die Sonne scheint, sehe Schafe, ein tanzendes Kind. „Mein Hirte, ich brauch dich" heißt es im Lied; ja, den brauche ich!

„Fürchte dich nicht": Der Junge, der den Vers sagt, tut dies mit einer tiefen Stimme. Im Hintergrund spielt, so vermute ich, ein Bass. Die Stimme von Danny Plett klingt tief – mir tut das gut. Es klingt bodenständig, haltgebend, fest. Das brauche ich jetzt.

Ich sehe ein Kind in weißen Kleidern vor mir, das zwischen den Schafen und dem Hirten tanzt, fröhlich und ausgelassen ist. So kann ein Kind sein und leben, dass sich geliebt weiß, sich nicht alleine fühlt. Ich sitze da als Beobachter und merke, ich wäre gerne dieses Kind, dass so unbeschwert über die Wiese tanzt.

„Im finstern Tal": Ich liebe dieses unbeschwerte, fröhliche „Du bist bei mir". Ich sehe vor meinem inneren Auge ein Kind, dass ein „Rad" schlägt über der Wiese. Es fühlt sich von Gott geliebt und bei Ihm geborgen. Gott ist da, das weiß es.

♫ ♫ ♫

Mir wurde in der nächsten Zeit immer wichtiger, alles schriftlich festzuhalten zur Ehre Gottes. Es sollte für mich eine Erinnerung sein und für Freunde, um es zu verleihen. Und, wenn mich bis dahin nicht dazu der Mut verlässt, wollte ich dies dann auch Danny Plett zukommen lassen. Ich fragte damals immer wieder Gott, ob das richtig ist, sich auch bei ihm zu „outen" und hatte jedes Mal den Eindruck, dass Er das so will. Also wollte ich gehorsam sein, wenn Er mir den Zeitpunkt dafür gezeigt hat. Mir war klar: Wenn ich all das tun würde, würde Satan sicher nicht ruhig zusehen; mit Anfechtungen musste ich rechnen! Ich müsste dann viel beten gegen geistliche Angriffe und mir Jesu Sieg über den Feind vor Augen halten. Und ich sollte den Heiligen Geist um Leitung bitten, dass Er bewirkt, dass mein Zeugnis denen, die es lesen, reichen Segen bringt. Aber erst noch wollte ich den Besuch meiner Freundin aus Wuppertal abwarten, die demnächst für einige Tage kommen wollte, ehe ich durchstarte damit. Ich wünschte mir, dass das Ganze Ende des Jahres abgeschlossen sein würde.

28.4.2014

Im weiteren Verlauf der Musiktherapie sitze ich am Rand des Raumes, am „Wiesenrand". Vor meinem geistigen Auge beobachte ich eine Szene: Wiese, Blumen, Bäume, Sonne, blauer Himmel, ein paar Schafe, Hirte mit Stab, ein Kind. Es erinnert mich ein wenig an „Heidi" aus dem Fernsehen, der Zeichentrickserie. Es ist barfüßig mit weißem Kleid, es geht auf den guten Hirten zu, der bückt sich zu ihr, sie lehnt sich an ihn, tänzelt davon. Immer wieder geht es zum Hirten. Ich frage mich, wo ich eigentlich gerne auf diesem Bild wäre. Ich denke kurz nach und merke wieder, dass ich gerne das Mädchen wäre. Es ist getrost, unbeschwert, fühlt sich in der Nähe des Hirten geborgen und sicher. Es weiß, dass es jederzeit zu Ihm kann.

Im Moment sitze ich noch gerne am Wiesenrand. Ich merke noch ein starkes Bedürfnis nach Schutz und Sicherheit in mir. Im „echten" Leben spüre ich es ja auch: Die Platzangst ist nicht weg, manche Situationen machen mir mehr Angst als es angemessen wäre. Letztlich zeigt sich darin ein Mangel an Geborgenheit.

Und ich spüre eine gewisse Verunsicherung: Ist es richtig, Zeugnis in der Gemeinde zu geben von dem, was ich so gerade alles mit Gott erlebe? Soll ich das meiner Freundin, die bald kommt, davon erzählen? Irgendwie habe ich letztlich Angst vor negativer Bewertung! Ich stelle das alles nicht völlig in Frage, merke aber, dass ich verunsichert bin. Ich brauche etwas, was mir Mut macht, aufzustehen, auf die Wiese zu treten. Vielleicht reicht das Lied: „Fürchte dich nicht"?!

♫ ♫ ♫

Immer wieder mal dachte ich, dass ich mich so wertgeschätzt, ja, geliebt fühle von Gott – damit hatte ich lange Zeit in meinem Leben ein Problem, konnte Ihm Seine Liebe zu mir nicht recht glauben. Es berührte mich so, dass ich Ihm so wichtig bin, dass Er so einen ganz besonderen Weg der inneren Heilung mit mir geht! Ich liebe Musik solange ich denken kann, aber so etwas hatte ich noch nie bisher erlebt: Dass mich Musik so lange und intensiv begleitet! Und dass es sich dabei um Musik handelt von einem einzigen Musiker, Texter, Sänger! Ich stellte fest, dass ich in letzter Zeit oft sehr emotional reagierte, mir schneller mal Tränen kamen, ich „näher am Wasser gebaut" war. Aber das fand ich auch nicht ungewöhnlich: Schließlich bin ich durch die Musik ganz nah an meine Gefühle herangekommen. Ich weiß noch, dass man mir das bei meiner Ausbildung zur Musiktherapeutin immer wieder zurückgemeldet hatte: Ich sei zu kopflastig, käme an meine Gefühle nicht dran. Jetzt wurde mir klar, dass sie damit Recht hatten. Vermutlich war es für mich oft einfacher, da nicht so schmerzhaft, vieles verstandesgemäß zu verarbeiten.

Ganz oft war ein Staunen in mir, welch wunderbaren, einzigartigen Weg der Heilung Gott mit mir eingeschlagen war! Mir gefällt das Lied so gut: „Wie unglaublich du bist". Hier spricht mich das englische Wort sogar mehr an: amazing, staunen. Gott ist wirklich erstaunlich!

Mein Ziel war die ganze Zeit das „freie Kind". Im Bild gesprochen ging es darum, durch den Raum zu gehen, über die Wiese zu gehen, zu schaukeln, ja, zu tanzen, fröhlich und frei. Aber dafür brauchte ich noch Zeit, das merkte ich. Noch brauchte ich den Schutz des Wiesenrandes, Sicherheit, die Zusage Gottes: Fürchte dich nicht.

Dann kam der Besuch meiner Freundin. Wir verstehen uns super, auch wenn wir uns höchstens einmal im Jahr aufgrund der Entfernung sehen können. Sie hatte im letzten Juli den Kindern die CD „Noch mehr Bibelverse singend lernen" von Danny Plett mitgebracht. Das hatte damals letztlich bei mir ausgelöst im Internet nachzusehen, was es sonst noch so für Musik von ihm gibt außer den zwei CDs, die ich schon hatte und den beiden Weihnachts-CDs. Ich sah dann ja im Internet nach, deckte mich mit Musik und Liederheften ein und diese ganze „Geschichte" begann. Was Gott mit dieser Musik, die ich mir damals kaufte, noch vorhaben würde, konnte ich beim besten Willen nicht ahnen!

Ich erzählte ihr von den Prozessen, die ich in den letzten Monaten durchgemacht hatte. Es waren gute Gespräche, die mir gut taten. Sie kennt auch manches von

Danny Plett und hat sogar das Glück, dass Lieder von ihm in ihrer Gemeinde gesungen werden. Ich hoffe, dass wir bei uns auch mal was von ihm singen werden... Eine CD, die es damals beim Janz-Team im Juli nicht mehr gab, ist „Wie ein Strom". Diese CD hatte sie mir letztes Jahr zukommen lassen und zum Geburtstag geschenkt. Ich hatte mich sehr gefreut. Auch dort gibt es wunderschöne Lieder, so z.B. „Wie unglaublich du bist". Gott hatte an alles gedacht. Die Lieder, die ich brauchen würde für die Prozesse, standen mir zur Verfügung – Gott ist wirklich unglaublich; das kann man gar nicht oft genug betonen...!

Ich wollte gerne die Kommentare zu den Liedern dieser CD lesen und bat meine Freundin deshalb, mir das Booklet mitzubringen. Ich fand es interessant zu lesen, was da stand: Danny Plett hatte in seinem Leben Zeiten von Depressionen, die sogar mit Medikamenten behandelt werden mussten. Mich machte das sehr betroffen. Es tat mir Leid für ihn, dass er so schwere Zeiten durchmachen musste! Aber ich dachte dann auch: Wer weiß, ob seine Musik mich so in der Tiefe hätte ansprechen können, wenn er nicht auch Schweres hätte durchmachen müssen... Vielleicht rührt gerade daher auch dieser große Segen, die die Musik mit sich bringt. Und vielleicht fühlte ich mich gerade deshalb immer wieder so abgeholt, verstanden und getröstet.

2.5.2014

Ich merke, dass der Schmerz nicht mehr so stark ist; ich fühle mich getröstet, auch wenn manchmal immer noch Tränen kommen.

Ich sitze am „Wiesenrand" und lese Verse aus dem Johannesevangelium, Kapitel 10, 27–29:

„Meine Schafe hören meine Stimme, und ich kenne sie, und sie folgen mir; und ich gebe ihnen das ewige Leben, und sie werden nimmermehr umkommen, und niemand wird sie aus meiner Hand reißen. Mein Vater, der mir sie gegeben hat, ist größer als alles, und niemand kann sie aus des Vaters Hand reißen."

Wie viel Geborgenheit das ausdrückt! Ich hatte lange Zeit Ängste, Gott könnte mich mal wieder loslassen. Das war schlimm! In den letzten Jahren hat aber diese Angst sehr stark nachgelassen; Gott sei's gedankt!!

Wie gut, dass Jesus mich kennt! Er weiß, was ich brauche. Er gibt mir ewiges Leben, niemand wird mich aus seiner Hand reißen! Eine wunderbare Vorstellung! Ich brauche noch so viel von Ihm: Geborgenheit bei Ihm, Halt, Ruhe. „Fürchte dich nicht" – darauf kann ich mein Leben stellen, auf diese Zusage. Ich setze bei diesem Bibelvers meinen Vor- und Zunamen ein.

Wie gut, wie gut, zu diesem Hirten zu gehören!

♫ ♫ ♫

Am 4.5. fuhr meine Freundin wieder ab; es war eine schöne Zeit. Ich war ein wenig traurig, als sie vorbei war.

Ich begann an diesem Tag eine Einleitung für mein Glaubenszeugnis – wie ich es nannte – zu schreiben. Ich lobte Jesus kurz dafür, dass Er der Herr ist, betete Ihn in Worten an, bat um Bewahrung vor Anfechtungen. Außerdem betete ich um die Leitung des Heiligen Geistes. Ich wünschte mir, dass das, was ich schreibe, denen, die es lesen, zum Segen werden möge. Darum bat ich Gott.

Mich strengte das Schreiben am Computer sehr an. Mein Nacken verspannte. Länger als eine oder eineinhalb Stunden konnte ich nicht schreiben. Salina kam in dieser Zeit zu mir und zeigte mir ein kleines Herzbüchlein, dass sie mir gebastelt hatte. Mit einem Mal schoss mir ein Gedanke durch den Kopf: Ariane hatte mir vor zwei Jahren ein in der Schule wunderschön gestaltetes Bild gemacht, auf Leinwand gezogen, mit zwei Herzen in orange-roten Tönen. Sie schenkte es mir damals zum Muttertag. Ich fand es sehr passend als Deckblatt für mein Glaubenszeugnis. Ich wollte es mir noch überlegen, ob ich das nehmen sollte. Der Titel des Zeugnisses stand schnell fest: Du siehst die Wunden und heilst mein Herz – ein musiktherapeutisches Tagebuch.

Mir ging es emotional erheblich besser! Wenn ich bedenke, dass ich zwischendurch schon Angst hatte, ich könnte in eine tiefe Depression fallen... Wie sehr Gott mich durch die Musik und die inneren Bilder gesegnet hatte! Ich fühlte mich getröstet und spürte, wie sich die Wunde langsam schloss. Immer noch machte ich mein musikalisches Programm durch, trat mit „Fürchte dich nicht" auf die „Wiese", fühlte mich aber noch unsicher und sehr schutzbedürftig. Mir tat dieses „Du bist mein" aus dem Lied bzw. Bibelvers so gut! Ja, es war und ist so gut, zum guten Hirten zu gehören! Mir kam der Vers aus Jesaja 40,11 in den Sinn; er gefällt mir sehr: „Er wird seine Herde weiden wie ein Hirte. Er wird die Lämmer in seinen Arm sammeln und im Bausch seines Gewandes tragen und die Mutterschafe führen."

Bei dem Lied „Guter Hirte" mochte ich dieses Klavierspiel im Hintergrund so gerne. Es ist stellenweise sehr lebendig gespielt. Mir kam immer wieder das Bild vom Kind in weißen Kleidern in den Sinn, dass fröhlich zu dieser Melodie tanzt. Das Kind, so mein Gedanke, weiß, dass es Jesus braucht und es weiß: Er ist da! Dann kann es fröhlich tanzen!

Am 9.5. 2014 hatte ich mal wieder einen Seelsorgetermin. Meiner Seelsorgerin erzählte ich, dass es mir deutlich besser geht, aber auch, dass ich auf meiner „Wiese" eher am Rand sitze, noch nicht so recht den Mut bisher fand, aufzustehen, auf die „Wiese" zu gehen. Dann sagte sie etwas, dass mich im ersten Moment verblüffte, weil ich damit gar nicht gerechnet hatte: „Wir gehen jetzt auf die Wiese. Zieh dir Schuhe und Socken aus, dann gehen wir in den Garten." Ich musste schmunzeln: Das ist kreative Therapie! Wenn man es nicht selbst erlebt hat, kann man es sich vielleicht nur schwer vorstellen, wie effektiv das ist; das aber ist es! Wieder einmal – wie ja auch schon in vielen Situationen in meiner Ausbildung – durfte ich erleben, wie wirkungsvoll die kreative Therapie ist. Wichtig ist es, die dort gemachten Erfahrungen mit ins Leben zu nehmen und umzusetzen. So zog ich also im Garten Schuhe und Strümpfe aus, schloss meine Augen, berührte nach Anweisung meiner Seelsorgerin das Gras mit einem Fuß, strich darüber, spürte es und die Feuchtigkeit; es hatte vor kurzem noch geregnet. Für mich war es ein ungewohntes Gefühl: Eigentlich trage ich immer Schuhe, auch Socken, selbst im Sommer, ich glaube, das war selbst als Kind so. Es fühlte sich für mich neu an, fremd, aber nicht unangenehm. Ich hörte die Vögel, öffnete meine Augen und sah auf die schöne Hügellandschaft des Schwarzwaldes. In mir spürte ich ein Gefühl der Freiheit, Lebendigkeit, Freude, aber auch Traurigkeit über zu wenig gelebte Kindheit, mit ihren unausgesprochenen und ausgesprochenen Verboten, die u.a. aus Überbehütung heraus entstanden. Hatte ich mich jemals im Schlamm gebadet, mich so richtig schmutzig gemacht – ich wusste es gar nicht mehr!

Meine Seelsorgerin meinte, dass Kleidung auch Symbol für Schutz sei, für Schutzbedürftigkeit. Und sie sagte, ich sei mutig, mutig, mich auf all das Neue einzulassen.

In den Pfingstferien wollten wir zur Nordsee fahren. Ich nahm mir an diesem Tag vor, bewusst solche nicht gemachten – eigentlich ja völlig normalen Kindheitserfahrungen – nachzuholen. So wollte ich mich mit den Kindern ins Watt begeben, durch Matsch und Sand barfüßig gehen, vielleicht mal durch Pfützen stapfen. Bei der Vorstellung kam in mir ein Gefühl von Freude und Freiheit auf. Und ich wollte, wenn das mein Gleichgewichtssinn zulassen würde, mal schaukeln und Seilspringen. Ich war immer sehr brav und angepasst als Kind. Dadurch machte ich so manche Erfahrungen gar nicht. Wir sprachen in der Seelsorge über die Hintergründe.

Ja, das befreite Kind war mein Ziel, das Kind mit dem weißen Kleid, das sich von Gott geliebt fühlt, fröhlich und geborgen in seiner Nähe durchs Leben gehen kann. Die Wiese stand für mich letztlich für das Leben. Das innere Kind in mir, das mehr und mehr Heilung in letzter Zeit erleben durfte, das nicht mehr abhängig war von der Annahme der Eltern. Es hat in Jesus alles, was es braucht. „Du machst meine Seele satt" heißt es in dem schönen Lied „In deinen Armen berg ich mich".

Auf „meiner Wiese" im Dachgeschoss stand ich nun auch auf, ging kleine Schritte nach vorne, ermutigt durch die Seelsorgesituation und die Erlebnisse dort. Dabei hörte ich „Fürchte dich nicht" und hielt die Karte mit der Plastik von Dorothea Steigerwald in der Hand. Ich wollte etwas festhalten können.

Ich saß in dieser Zeit immer wieder am Computer. Es strengte mich sehr an; aber es war mir wichtig!

Am 11.5. war Muttertag. Die Kinder verwöhnten mich sehr. Mir tat diese Wertschätzung sehr gut! Salina brachte mir Kaffee ans Bett. Beide hatten toll gebastelt; ich sollte die Geschenke suchen. Ariane spielte mir ein selbst erdachtes Lied auf Klarinette vor; total lieb! Rainer schenkte mir eine Rose.

Nachdem wir in einem Restaurant essen waren, ging ich ins Dachgeschoss in meine Ecke. Ich genoss die Musik. Sie tat mir so gut! Ich wurde innerlich so ruhig, dass ich zwischendurch fast einschlief.

Beim Gehen auf die „Wiese" hörte ich nun auch das Lied „Im finstern Tal". Der Beginn klingt bedrohlich, der Refrain sehr fröhlich. Ich stellte mich hin, zog Schuhe und Strümpfe aus, wippte mit den Füßen, machte kleine Schritte nach vorne. Viel stärker als mit Schuhen spürte ich den Boden unter mir. Das Lied motivierte mich zum Gehen. Es ist so ermutigend!

Auch am 13. und 14. 5. ging ich in diese Ecke. Diesen Raum der Geborgenheit brauchte ich immer noch, wenn ich auch die Zeit inzwischen abkürzte. Immer noch spürte ich Trost durch die Musik, es flossen nur noch wenige Tränen.

Ich fragte Gott, ob wir auf dem Weg zur Nordsee noch für zwei Tage meine Eltern besuchen sollten. Ich wusste, dass das eine Herausforderung für mich sein würde. Aber Gott hatte nun schon so viel getan in letzter Zeit und wir wollten ja auch nur kurz bleiben. Ich dachte an das so ermutigende Lied:" Steh ich heute auf". Wie gut: Gott würde ja vorausgehen, Er würde mit uns sein.

Im finstern Tal – Weil du der Sieger bist

Im finstern Tal[10]

Ob ich schon wanderte im finstern Tal, finstern Tal,
ob ich schon wanderte im finstern Tal, finstern Tal,
fürchte ich kein Unglück, nein, fürchte ich kein Unglück,
denn du bist bei mir, du bist bei mir, du bist bei mir, du bist bei mir.

♫ ♫ ♫

Weil du der Sieger bist[11]

Mein Herz jubelt, weil du der Sieger bist, du der Sieger
bist, du mein Gott. Mein Herz jubelt, weil du der
Sieger bist, du der Sieger bist, du mein Gott.

Darum such ich dich, und ich wart auf dich. Ich vertraue dir
und ich lauf zu dir, denn du allein, Gott, bist mein Zufluchtsort.
Ja, du bist meine Festung und starke Burg. Du allein, Gott,
gibst mir Sicherheit. Nichts auf dieser Welt kann dir widerstehn.

15.5.2014

Ich sitze in meiner Ecke. Mir geht es gar nicht gut. Irgendwie fühle ich mich müde, ausgepowert, erschöpft. Ich mag mich gerade nicht mit meinen Gefühlen beschäftigen, nicht am Computer schreiben, bin k.o.!

Ich sitze hier, weiß nicht, was ich tun soll, bitte Gott um Leitung. Sind es Attacken des Feindes, Satans, der nicht möchte, dass ich dieses Glaubenszeugnis schreibe, der mich schwächen und blockieren will? In den letzten Tagen fühlte

---

10 Plett, Danny: „Im finstern Tal"; Text: Psalm 23,4; Musik: Danny Plett
11 Plett, Danny: „Weil du der Sieger bist" Originaltitel: „Songs Of Victory"; Text und Musik: Danny Plett; Deutscher Text: Arne Kopfermann © 2011 Gerth Medien Musikverlag, Asslar

ich mich auch schon nicht so gut. Das Schreiben strengt mich sehr an, auch, weil das Thema mir ja nahe geht, es meine eigene Geschichte ist. Ich überlege, den morgigen Seelsorgetermin abzusagen.

Wieder meine Bitte an Gott: Herr, was soll ich tun? Und ich meine zu hören: „Mein Kind, komm zur Ruhe." Ich höre heute keine Musik, sehe nur auf die Karte von Dorothea Steigerwald, bete, ruhe körperlich aus. Ich muss vielleicht mal Abstand bekommen zu diesem Thema, will jetzt einkaufen gehen, mal wieder Nordic Walking machen. Und wieder meine ich Gott zu hören, wie Er zu mir sagt: „Jutta, komm zur Ruhe, ich liebe dich. Du brauchst nichts vor mir zu leisten!"

♫ ♫ ♫

Ich wusste: Mir würde es sicher gut tun, den ganz normalen Alltag zu leben, mich um Haushalt und Kinder zu kümmern, meiner Geschichte der Heilung eine Pause zu gönnen. Aber ich merkte: Meine Idee war es, dass die Heilungsprozesse bald abgeschlossen sind, ich alles als ein schriftliches Zeugnis schreibe und die ganze Sache Weihnachten beendet ist. Aber scheinbar hatte Gott ganz anderes vor… Ich hatte den Eindruck, dass Gott zu mir sagt:" Komm zur Ruhe bei mir. Ich habe doch sowieso alles initiiert; ich bestimme letztlich das Tempo der Heilung. Setz dich nicht unter Druck. Ich werde mit der Heilung weitermachen." Den Seelsorgetermin hatte ich abgesagt. An diesem Tag kamen mir noch folgende Gedanken: „Ich werde jetzt erst mal nicht mehr in die Ecke gehen. Vielleicht ist es jetzt ein Einschnitt: Vieles ist geheilt, die Ecke brauche ich ja vielleicht gar nicht mehr jeden Tag. Das freie Kind geht auf seine Bedürfnisse ein: Ich sollte mir nun eine Pause gönnen, auch mit dem Schreiben! Ich denke: Es geht ums Sein, nicht um Leistung, nicht darum, möglichst schnell die Heilungsprozesse zu durchlaufen und alles schriftlich festzuhalten. Ich muss an ein recht altes Lied von Danny Plett denken: „Du sagst Ja". Ich weiß noch, dass ich vor vielen Jahren ein sehr leistungsorientiertes Christsein lebte. Ich wollte mir Gottes Liebe verdienen und konnte es lange Zeit mit dem Herzen nicht erfassen, dass Seine Liebe zu mir bedingungslos ist. Ich weiß gar nicht recht, ob ich es heute schon wirklich mit dem Herzen verstanden habe. Der Kopf weiß so etwas meist viel früher, als das Herz, vor allem, wenn man innere Wunden und Verletzungen mit sich herumträgt. Dieses Lied wurde mir damals sehr wichtig:

Du sagst ja[12]

Du sagst ja, aus Liebe sagst du vorbehaltlos Ja.
Ja zu mir, du kennst mich, dennoch sagst du Ja!
Sagst Ja und weißt doch von meinen Schwächen.
Ja, trotz allem gilt dein Versprechen,
dein Ja steht felsenfest an jedem Tag.
Ich lebe von dem Ja, das nicht an Leistung denkt,
vom Ja, das mir Vertrauen schenkt.
Ich staune: ich hab es nicht verdient, dein Ja.
Ich sage Ja! Ich danke dir und antworte mit Ja.
Ja, Herr, zu dir. Ich wage es, denn du sagst Ja!

Mir wurde klar: Dass, was ich durch Seelsorge und der musiktherapeutischen Situation gelernt hatte, galt es, ins Leben zu übertragen; das ist ja Ziel von Therapie. Mir wurde wichtig, mir Gutes zu tun, meine Bedürfnisse wahrzunehmen und auf sie einzugehen. Dazu gehörte für mich, ein gutes Buch zu lesen, Sport zu machen, eine schöne DVD anzusehen. Neben der Seelsorge, Schreiben, Haushalt und Kinder kam da manches zu kurz in letzter Zeit. Ich wollte erst mal nicht mehr in die Ecke gehen; Gott war ja auch im „echten Leben" da! Im Prinzip befand ich mich auf der Wiese des Lebens, so könnte man es nennen. Und der gute Hirte war da, ist da; wie gut! Bei der „Stiftung Marburger Medien" kam zu der Zeit eine neue hübsche Karte heraus. Vorne war ein Vergissmeinnicht zu sehen. Auf der Karte klebte ein Button, auf dem stand: „Nicht vergessen: Gott ist da." Das tat gut zu wissen: Gott ist da, in der Ecke und auch auf der Lebenswiese.

Ich dachte nach: Wie viel Tränen sind bei mir geflossen! Aber es war wichtig, sie zu weinen! Scheinbar gab es in mir noch viele ungeweinte Tränen, die nun herausgespült wurden. Das war gut so; so konnte die Wunde heilen. Mir fiel ein Psalmwort ein: Psalm 56,9: „Sammle meine Tränen in deinen Krug; ohne Zweifel,

---

12 Plett, Danny: „Du sagst Ja" Originaltitel: „Let Me Be"; Text und Musik: Danny Plett; Deutscher Text: Christoph Zehendner © 1991 Gerth Medien Musikverlag, Asslar

du zählst sie." Ich freute mich über diesen Vers. Wie schön: Gott sammelt die Tränen, keine ist vergessen. Er kümmert sich um sie und ist der Tröster.

Ich betete in dieser Zeit: „Herr, wenn jemand dieses Zeugnis liest, lass keine trübsinnige Stimmung herüberkommen, keine Hoffnungslosigkeit. Schenke, dass es Hoffnung, Zuversicht und Ermutigung bewirkt, dass Menschen merken, dass es sich lohnt, sich auf Dich einzulassen, dass sie realisieren, dass Du allein anbetungswürdig bist, ein Gott zum Staunen. Lass Deine Liebe durch dieses Zeugnis durchscheinen, Deine Freude. Amen."

Ich sollte ruhig werden vor Gott; Er ist doch mein Therapeut! Scheinbar möchte Er eine Pause und Er weiß, wann es weitergeht. Auf Ihn muss ich hören. In Anlehnung an den Vers aus Philipper 1,6 dachte ich: Der, der in mir das gute Werk der inneren Heilung angefangen hat, der wird es auch vollenden.

In der therapeutischen Situation im Dachgeschoss stand ich auf der „Wiese", ging bereits wenige Schritte, in der Seelsorge ging ich in den Garten bei meiner Seelsorgerin, spürte das Gras und nun, im „echten Leben" gehe ich letztlich über die Wiese. Ich lebe meinen Alltag, spüre, dass Gott da ist und alles leitet. Sein Handeln an mir ist nicht zu Ende, sondern hat sich nur verändert. Therapeutische Prozesse sind nicht wirklich vorhersehbar; das wurde mir an diesem Punkt auch nochmals klar. Ich machte auch Pause von Danny-Plett-Musik.

Am 18.5.2014 fuhren wir in den Gottesdienst. Ich sprach mit meiner Seelsorgerin. Sie meinte, dass die „Ecke" jetzt in mir sei, nun gelte es, die „Wiese" zu leben. Wir beschlossen, die Häufigkeit der Seelsorge zu drosseln.

Während des Gottesdienstes fühlte ich mich elend. Ich merkte starke Unruhe in mir, diffuse Ängste. Ich ging zum Beten während des Lobpreises. Meine Beterin bekam ein Bild für mich: Sie sah, wie jemand die Netze auswarf; das war ich. Sie sagte mir:" Wirf deine Netze zur rechten Seite aus zum Fischen, zur rechten Seite", betonte sie. Nur wenige Minuten später verstand ich die Bedeutung dessen und sagte es ihr dann auch: Die rechte Seite ist für mich die Zukunft. Ich sollte jetzt nicht mehr zurückgehen. Gott hat viel geheilt in dieser Ecke. Nun gilt es, nach vorne zu sehen und zu gehen. Ich spürte tiefe innere Unruhe, Druck, Nervosität und ging zum Beten auf die Toilette, um mit Gott alleine zu sein. Ich hatte den

Eindruck, Satan wollte mir schaden. Angst und Unruhe sind immer mal wieder Symptome dafür, dass der Feind Gottes, der auch der Feind der Kinder Gottes ist, mir das Leben schwer machen wollte. Ich stellte mich unter den Schutz des Blutes Jesu. Im Kopf hatte ich mit einem Mal das Lied „Guter Hirt". Mir ging es langsam besser. Ich sprach kurz mit meiner Seelsorgerin. Sie meinte, ich sollte nun nach vorne gehen, nicht zurücksehen so wie Sara in der Bibel, die zu einer Salzsäule erstarrte. Ja, ich wollte nun nach vorne sehen und gehen im Wissen um die Gegenwart des guten Hirten. Ich fühlte mich unsicher, wie ja auch schon in dieser Situation oben im Dachgeschoss auf der „Wiese". Aber innerlich sang ich den Refrain von „Im finstern Tal": Du bist bei mir.

Ich hörte nun schon einige Tage nicht mehr Musik von Danny Plett und hielt das zunächst auch für verständlich; ich brauchte einfach mal eine komplette Auszeit.

Am Abend wollte ich mir etwas Gutes tun und ging alleine zu einem geistlichen Konzert im Nachbarort. Wieder spürte ich in mir starke Kraftlosigkeit und Unruhe hochsteigen. Innerlich schrie ich zum guten Hirten, stellte mich unter dem Schutz Seines Blutes, barg mich bei Ihm. Nach und nach wurde ich ruhiger. Mir wurde klar, dass ich stark angefochten war. Satan will nicht, dass ich innerlich gesund werde!

Am nächsten Tag schrieb ich einigen Frauen, denen ich vertraute, eine Mail und bat sie, für mich zu beten. Fürbitte brauchte ich jetzt dringend! Ich schrieb ihnen von den Anfechtungen, vom Schreiben des Zeugnisses und bat sie mit mir dafür zu beten, dass Gott zeigt, ob ein kurzer Besuch bei den Eltern im Juni richtig ist.

Am 19.5.2014 kam mir mit einem Mal folgendes Bild: Ich will nach vorne gehen, Satan zieht von hinten an meinem Pullover und versucht mich am Weitergehen zu hindern. Er will nicht, dass ich innerlich gesund werde. Ich hatte damit gerechnet, dass alles so weitergeht wie bisher: Ich gehe kürzer in die Ecke als bisher, dann auf die Wiese. Aber mir wurde klar: Eigentlich ist es so vielleicht besser. Es ist ein klarer Einschnitt da; das Vergangene ist vergangen, viel Heilung geschehen. Ich bin Gott unendlich dankbar dafür! Neues kann nun beginnen. Jetzt brauchte ich erst mal im Dachgeschoss eine Pause. Ich wünschte mir, den guten Hirten im Leben zu erfahren. Ihn brauchte und brauche ich so sehr! Ich bat den Heiligen Geist, dass Er mich in dem leitet, wie es weitergeht. Der Prozess ging weiter, aber ganz anders, als ich erwartet hatte. Weiter fühlte ich mich kraftlos und weiter hörte ich nicht „meine Musik". Ja, ich war auf der Lebenswiese, sollte Schritte gehen, fühlte mich unsicher, wie ja auch schon im Dachgeschoss auf meiner „Wiese".

Mir wurde deutlich: Satan wollte mich schwächen. Ich sollte nicht Schritte in eine gute Richtung machen und ich sollte nicht das, was ich mit Gott und Musik erlebt habe zur Ehre Gottes und zum Segen anderer aufschreiben. Dieses Gefühl von Schwäche an Körper und Geist blockierte mich. Und noch etwas schlich sich fast unmerklich ein: Ich konnte die Musik nicht mehr hören, die mir so viel bedeutet hatte! Es ging nicht! Ich merkte, dass ich eine richtige Abneigung gegen die Musik hatte. Ich war froh, dass meine Kinder in dieser Zeit auch nicht die Kinderlieder hörten. Als ich mir eine CD-Hülle ansah, legte ich sie schnell wieder weg. Bei der Vorstellung sie zu hören, fühlte ich mich richtig elend. Wie schlimm das war, wurde mir eigentlich erst klar, nachdem mich Jesus aus dieser Situation wieder befreit hatte. Mir wurde bewusst, dass Satan mir die Musik, die so viel Segen in mein Leben gebracht hatte, wieder rauben wollte!

Ich war so dankbar, dass ich wissen durfte, dass Freunde von mir beten würden. Das brauchte ich in diesem dunklen Tal nun dringend! Aber ich selbst betete auch viel: Ich sagte Jesus, dass Er gegen Satan kämpfen solle; ich konnte es ja nicht wirklich. Er soll kämpfen und ich wollte mich in Seiner Nähe bergen und bei Ihm zur Ruhe kommen. Ich wusste: Jesus hatte den Feind längst besiegt und Er wird auch in meinem Leben der Stärkere, der Sieger sein im Kampf! Und ich bat Ihn, dass ich den Weg der Heilung weitergehen darf und ich die wunderbare Musik von Danny Plett wieder hören kann und ich weiterschreiben kann. Ich stellte mich unter dem Schutz seines Blutes und proklamierte, dass Er der Sieger ist.

Das alles vermerkte ich in meinem handschriftlichen Tagebuch, dass ich während der ganzen Monate führte und ohne dem ich vieles vergessen hätte, am 21.5.2014.

Am nächsten Tag fuhr ich für einige Erledigungen in den Nachbarort und deckte mich mit Spargel ein. Zu Hause angekommen, wollte ich ihn schälen und mir das ganze etwas angenehmer gestalten, in dem ich Musik hörte. Ich wollte es mit „meiner Musik" nochmals versuchen, die ich nun eine Woche lang nicht mehr hören konnte. Ich legte die CD „Mein Herz lebt auf" in die Stereoanlage und fühlte mich wieder sofort angesprochen. Diese Blockade, die ich eine Woche lang hatte, war weg! Jesus hatte gegen Satan gesiegt! Jetzt war es völlig offensichtlich für mich: Satan wollte mir die Musik rauben! Und Jesus hatte sie mir wiedergeschenkt! Ich weinte vor Freude! Der Spargel musste warten, jetzt wollte ich erst noch eine Weile „meine Musik" genießen! Ich war so froh! Ich dachte: Wie viel Segen geht von dieser Musik aus, dass es dem Feind so wichtig ist, mich von ihr fernzuhalten! Danke, Jesus, für diese wunderbare Musik! Nun konnte ich auch wieder Danny Plett in meine Gebete einschließen. Irgendwann kümmerte ich mich dann auch noch um den Spargel… Ja, mein Herz jubelte, weil Jesus Sieger ist!

Am Wochenende waren wir bei Verwandten im Raum Stuttgart zu einer Konfirmation eingeladen. Am Samstag wollten wir dort in der Nähe noch eine befreundete Familie besuchen. Ich freute mich auf das Wochenende, darauf, mal von allen Prozessen, die gerade in meinem Leben laufen, abschalten zu können. An diesem Sonntag, dem 25.5., sollte bei uns in der Gemeinde ein Zeugnisgottesdienst sein. Seit Mittwoch konnte ich wieder Danny Plett – Musik hören. Ich hatte kurz Mailkontakt mit der Gottesdienstleitung. Am Donnerstagmorgen wurde ich mit einem Mal sehr unruhig. Hatte ich nicht auch so viel mit Gott erlebt, dass ich mal was sagen sollte? Ich wusste, dass ich Zeugnis geben sollte, aber erst am Ende dieses gegangenen Weges, so dachte ich bisher. Aber ich merkte eine sehr starke Unruhe in mir. Die Gottesdienstleitung hatte mir mitgeteilt, ich könnte ihr auch einen Text zuschicken, den sie vorlesen würde. Ich wollte erst noch beten und ging mit Nordic-Walking-Stöcken nach draußen. Ich fragte Gott, was ich tun sollte. Doch, ich musste jetzt etwas sagen und zwar zum Erlebten in dieser Woche. Als ich nach Hause kam, schrieb ich ihr ein Zeugnis, dass sie in meiner Abwesenheit vorgelesen hatte. Außerdem wurde das Lied „Weil du der Sieger bist" abgespielt. Ich dachte damals: Gott hat Humor. Ich hatte mir in letzter Zeit immer wieder gewünscht, dass in unserer Gemeinde mal ein Lied von Danny Plett gesungen wird. Nun wurde ein Lied abgespielt, und ich war nicht mal dabei…

Hier das Zeugnis:

Ihr Lieben!

Ich erlebe seit Januar ganz viel mit Gott. Er ist ein Gott, der tief sitzende innere Wunden sieht und sie heilen will! Genau das hat Gott bei mir begonnen: Einen Prozess der inneren Heilung. Und Er tat das bei mir – ich habe eine musiktherapeutische Ausbildung – mit Musik. Er hat mich durch Musik auf einen tiefsitzenden Schmerz in mir aufmerksam gemacht und diese Musik ganz gezielt für Heilungsprozesse eingesetzt. Es ist ausnahmslos die Musik von Danny Plett. (Eine Bemerkung: Ich versuche mich hier kurz zu fassen. Wie ich auf diese Musik gestoßen bin, wie Er sie gebraucht hat, etc. ist eine ganz eigene Geschichte).

Seit Januar bin ich auch in Seelsorge. Die letzten Monate waren für mich sehr schmerzvoll. Aber ich habe – wie noch nie in meinem Leben bisher – erlebt, wie sehr Gott mich durch Musik getröstet und gestärkt hat! Sie war Balsam auf meine Wunden, besonders die eher ruhigen Lieder dieses wie ich finde ausgesprochen begabten Musikers. Die Musik hat sehr viel Tiefe; vermutlich konnte sie mich deshalb auch in der Tiefe meines Herzens erreichen. In all dem Schmerz habe ich aber auch sehr staunen dürfen über Gottes Handeln! Immer wieder wurden mir andere Lieder – die er übrigens alle selbst komponiert, textet und singt – wichtig. Gott hat sie ganz gezielt eingesetzt, um an mir zu wirken.

Aber wie das so ist: Der Feind schweigt nicht, wenn Gott heilt! Satan will nicht, dass wir psychisch gesunde Persönlichkeiten werden! Und so kam es seit letzter Woche zu starken Anfechtungen. Ich fühlte mich müde und ausgepowert, hatte starke Unruhezustände. Erst habe ich es darauf geschoben, dass die letzte Zeit sehr intensiv war. Dann aber wurde mir folgendes bewusst: Gott hat viel geheilt. Nun gilt es einen neuen Weg einzuschlagen. Mir kam ein Bild: Ich versuche nach vorne weiterzugehen, Satan aber hält mich am Pullover fest und versucht mich am Gehen zu hindern. Dazu kommt noch: Gott hatte mir gezeigt, dass ich mir die Arbeit machen soll, alles im Computer festzuhalten. Das was ich mit Gott erlebe, kann ich bis auf besondere „Highlights" gar nicht alles im Gottesdienst als Zeugnis erzählen, das würde den Rahmen sprengen und ich möchte mich nicht mit den Gottesdienstleitern anlegen (schmunzel)! Aber als ein schriftliches Glaubenszeugnis, dass ich mal weitergeben kann, wen es interessiert, wollte ich es verfassen. Satan will nicht, dass wir davon erzählen, was Gott Großes in unserem Leben tut zur Ermutigung anderer. Und noch etwas war passiert: Seit knapp einer Woche konnte ich die Musik von Danny Plett, die ich so schätzen und lieben gelernt habe und die solch großen Segen in mein Leben gebracht hatte, nicht mehr hören! Ich konnte es nicht, hatte mit einem Mal eine richtige Abneigung dagegen, eine starke innere Blockade! Ich schrieb am Montag in meiner Not einigen eine Mail und bat um Gebet. Und ich sagte zu Jesus: Herr, Du hast so etwas Wunderbares begonnen in meinem Leben. Jesus, kämpfe Du gegen Satan; Du hast ihn ja längst besiegt. Ich will mich in Deiner Nähe bergen, kämpfe Du für mich. Ich weiß: Du wirst siegen. Ich fühle mich gerade so schwach. Aber es ist so schön, Dich als meinen guten Hirten zu haben. Mit Dir stehe ich auf der Seite des Siegers. Und ich habe Ihn als Sieger angebetet. Am nächsten Tag habe ich mich mit Spargel eingedeckt und wollte mir die Arbeit durch Musikhören etwas schmackhafter machen. Ich habe Gott gefragt, ob ich meine Lieblingsmusik auflegen soll. Ich tat es und merkte: Ich konnte die Musik wieder hören! Ich habe vor Freude geweint! Jesus hatte mir die Musik wieder zurückgeschenkt! Ja, Er ist Sieger. Und ich will mich daran festhalten, dass Er das gute Werk der Heilung, das Er in mir begonnen hat, auch vollenden wird! Mit Jesus stehen wir auf der Siegerseite! Das wurde mir letzte Woche neu bewusst. Lasst Euch dieses Wissen von niemandem rauben! Und mir wurde neu bewusst: Ich bin so unendlich froh, dass ich Jesus hab, Ihn kenne, seit nun fast genau 25 Jahren!!

Ich grüße Euch alle ganz lieb mit einem Lied von … na, von wem brauche ich jetzt wohl nicht mehr zu sagen! Mein Herz jubelt, weil Du der Sieger bist… Jutta

Ich freute mich sehr, dass Gott mich in der Gemeinde gebrauchte, um ein Zeugnis zu geben, obwohl ich selbst gar nicht anwesend war. Mir gefällt es, Zeugnisse zu hören. Da wird Gott immer so greifbar.

Mir tat das Wochenende sehr gut! Die Gemeinschaft mit anderen Christen am Samstag war schön, auch die Familienmitglieder von Rainer am Sonntag mal wiederzusehen. Und ich merkte, dass es mir insgesamt besser ging!

Wie schon so oft war ich froh und dankbar darüber, Geschwister in Jesus zu haben, die für mich beteten!

Ob die Zeit der Anfechtungen nun vorbei war? Im Nachhinein kann ich diese Frage nur mit „nein" beantworten!

Am 26.5. begann ich wieder mit dem Schreiben des Zeugnisses. Jedes Mal lobte ich Jesus, dass Er der Sieger ist, stellte mich unter Seinen Schutz und bat um Bewahrung vor Anfechtungen. Ich bat den Heiligen Geist darum, dass Er alles Schreiben lenkt und dass das Zeugnis denen, die es vielleicht mal lesen, zum Segen werden möge. Immer wieder hatte ich Gott in letzter Zeit gefragt, ob ich das geschriebene Zeugnis auch Danny Plett zuschicken sollte. Und jedes Mal hatte ich den Eindruck, dass das richtig ist. Er sollte wissen, wie sehr Gott ihn gebraucht; das wäre sicher eine große Ermutigung für ihn. Spätestens jetzt war auch klar, wieso der Konzertbesuch so wichtig war: Wenn ich ihn nicht dadurch hätte etwas kennenlernen können, hätte ich mit Sicherheit gar nicht den Mut gehabt, dies zu tun. Und das wusste Gott natürlich, der mich ja besser als jeder andere kennt! Ich hatte inzwischen 21 DIN-A4 Seiten eng bedruckt geschrieben.

Am 30.5. sah ich auf die Internetseite von Danny Plett. Eigentlich nur durch Zufall ging ich auf die Seite „dates" und entdeckte, dass er nächstes Jahr im Mai für eine Tournee nach Deutschland kommt. Ich freute mich sehr und hoffte, dass ich bei einem Konzert von ihm dabei sein kann. Toll fand ich, dass es kein Adventskonzert sein wird, obwohl das sehr schön war. Aber ich würde ihn auch sehr, sehr gerne mal mit den anderen – vielleicht sogar neuen Liedern?! – hören und sehen!

An diesem Freitag kam mir relativ spontan die Idee, ihm doch vielleicht mal eine Mail zu schreiben. Eigentlich wollte ich mich bei ihm erst melden, wenn die Prozesse abgeschlossen sind. Aber das konnte ja noch dauern! Ich wusste es ja nicht, hab es ja nicht in der Hand! Dieser Gedanke ließ mich nicht mehr los. War es nicht eigentlich überfällig, ihm das endlich mal mitzuteilen, wie sehr Gott mir seine Musik zum Segen werden ließ? Mir kamen die Tränen. Ich spürte den starken Wunsch in mir, mich ganz herzlich bei ihm zu bedanken! Mein Herz war so voller Dankbarkeit, dass ich wirklich überlegen musste, wie ich die überhaupt in Worte fassen sollte. An diesem Freitag hatte ich noch Seelsorge. Ich hatte mich inzwischen entschieden, dass wir vor den Nordseeurlaub noch für zwei Nächte meine Eltern besuchen. Am Sonntag wollte ich es ihnen mitteilen.

Am Samstag fuhr ich mit den Kindern zum Erdbeeren pflücken. Ich betete dabei und fragte Gott, ob und was ich Danny Plett schreiben sollte. Anschließend verarbeitete ich das Obst. Wir wollten grillen. Rainer war im Garten. Als ich in der Mittagszeit herauskam, hatte er nach mir gerufen. Ich erschrak: Er lag im Gras, hatte Mühe hochzukommen. Aufgrund einer Schwerbehinderung stolpert er schneller mal. Ich war dankbar für die erlebte Bewahrung: Es geschah zu einem Zeitpunkt, an dem er nicht alleine war. Er setzte sich, hatte starke Schmerzen in der Schulter, am Schlüsselbein. Salina begann sofort zu weinen: Im letzten Jahr nach einem Sturz musste ihr geliebter Vati operiert werden und war inklusive Reha 6 Wochen nicht Zuhause. Das war sehr schlimm für sie. Für uns alle war das eine sehr herausfordernde Zeit! Sie hatte verständlicherweise Angst, dass sich das wiederholen könnte. Ich war auch völlig „durch den Wind" und beunruhigt. Wir baten eine liebe Bekannte, sich um die Kinder zu kümmern und fuhren ins Krankenhaus zum Röntgen. Innerlich sang ich „Mein Herz jubelt, weil du der Sieger bist!" Ich hatte die Vermutung, dass ich wieder unter Anfechtungen stand, der Feind mich vom Schreiben der Mail und dem Zeugnis abhalten wollte. Von daher hoffte ich, dass letztlich alles sehr harmlos sein würde. Es hieß, es sei vermutlich nur eine Prellung. Er solle eine Bandage zur Ruhigstellung tragen. Falls das Schlüsselbein doch gebrochen sein würde, müsste er dies 4–6 Wochen tragen und wir müssten den Urlaub stornieren. Er könne weder Autofahren noch arbeiten gehen. Am Montag sei ein weiteres Röntgenbild nötig. Eine Operation sei nicht nötig, teilte man uns mit.

Das war für uns das wichtigste, auch, dass Rainer zuhause sein würde, nicht im Krankenhaus! In einer Rundmail teilte ich das ganze unserer Gemeinde mit und bat um Gebet.

In der Nacht schlief ich nur sehr schlecht, nutze die Zeit zum Gebet. Aber mir ging auch der Gedanke an die Mail trotz allem nicht aus dem Kopf. Ich fuhr mit den Kindern allein zum Gottesdienst. Das Lobpreisteam, das an diesem Sonntag eingeteilt war, wollte mir eine Freude machen und spielte „Weil du der Sieger bist". Das Lied brauchte ich gerade: Du bist mein Zufluchtsort, starke Festung und Burg – wie gut, das zu wissen!

Am Nachmittag setzte ich mich hin und schrieb eine Mail an Danny Plett vor. Ich wollte ihm das Zeugnis weiterleiten, dass im Gottesdienst am 25.5. vorgelesen wurde und wollte mich bei ihm ganz herzlich für seine wunderbare Musik bedanken.

Am Montag, 2.6. wurde ein weiteres Röntgenbild gemacht. Ich war recht ruhig, ging davon aus, dass alles ganz harmlos war. Ariane konnte nicht in die Schule; ihr war stark übel. Dann war aber doch alles nicht so, wie wir es uns erhofft hatten: Das Schlüsselbein war gebrochen! Also: 4 Wochen Stützverband, nicht arbeiten gehen, kein Autofahren und kein Urlaub! Wir waren alle enttäuscht; die Kinder weinten. Ariane erbrach sich, hatte wohl einen Magen-Darmvirus. Wir überlegten hin und her, ob wir den Urlaub wirklich absagen müssen, fanden aber keine wirkliche Alternative. Ich sah mich in keinster Weise in der Lage, alleine 850 km mit dem Auto zu fahren; Zugfahren war für Rainer unrealistisch. Im Prinzip stand es bereits am Montag fest, dass wir zuhause bleiben müssten. Dadurch konnten wir auch nicht meine Eltern besuchen, zumindest für mich eine Herausforderung weniger. Dieser Tag war extrem unruhig, schwierig, mir gingen „tausend" Dinge durch den Kopf. Trotz alledem dachte ich an das Schreiben der Mail an Danny Plett. Gegen Abend dachte ich: Wer weiß, was noch alles passiert und Unruhe reinbringen kann: Ich schreibe jetzt die Mail. Das ging relativ schnell, in etwa 30 Minuten hatte ich sie fertig, da sie ja bereits vorgeschrieben war. Und dann ging es ab nach Kanada! Während des Schreibens musste sich Ariane nochmals übergeben. Direkt beim Schreiben der letzten Worte bekamen wir unverhofft Besuch. Alles klappte zeitlich gerade noch so. Aber die Mail war weg! Ich war froh darüber. Wenn ich sie nicht vorgeschrieben hätte, wäre sie mit Sicherheit am Montag nicht rausgegangen. Dieser Tag war der unruhigste in dieser Woche. Ich hoffte nur, dass die Mail-Adresse noch aktuell war. Eine Fehlermeldung bekam ich nicht. Ich betete, dass ihn die Mail ermutigen würde und bat Gott, dass Er es lenkt, ob und wann er antworten würde. Noch vor wenigen Tagen stand für mich fest, dass ich mich vorerst nicht bei ihm melden würde. Aber nun war es mir mit einem Mal so wichtig geworden, dass ich trotz dieser turbulenten Zeit eine Mail schrieb! Der Gedanke daran hatte mich nicht mehr losgelassen.

In dieser so chaotischen Zeit kam ich abends nur schlecht zur Ruhe; viele Gedanken kreisten in meinem Kopf. Ich nahm mir meinen MP3-Player, hörte meine Lieblings-CD „Dich will ich sehen". Ich merkte, dass ich beim längeren

Hören dieser Musik innerlich ruhig wurde, dann auch körperlich entspannen konnte und schließlich einschlief. Ich hatte das bereits in meiner Ecke beobachtet, dass die Lieder gerade dieser CD mich innerlich zur Ruhe kommen ließen; welch ein Segen!

Ich realisierte: Ich befand mich auf der Wiese des Lebens. Ich brauchte den guten Hirten, der mich mit dem versorgte, was ich brauche: Ruhe, Kraft; der mich durch dieses Tal begleitete. Ich verstand nicht, wieso das mit dem Urlaub nicht klappte. Ich spekulierte über Gründe, z.B. dass wir vielleicht doch nicht zu meinen Eltern fahren sollten. Aber das hätte Gott ja auch anders zeigen können. Meine Seelsorgerin meinte, dass Gott mich jetzt, wo die Wunde dabei ist zu heilen, sie schützen wollte, dass sie nicht wieder aufreißt. Der Gedanke, dass der gute Hirte da auf mich aufpasst, tat mir gut. Auch ich hatte mich auf die ostfriesische Küste sehr gefreut! Ich war schon mehr als 15 Jahre nicht mehr an meinem riesigen Taufbecken. Ich bin ein bisschen stolz darauf, dass ich in der Nordsee getauft wurde in der Zeit, als ich noch im Ruhrgebiet wohnte.

Ich muss gestehen, dass ich eigentlich darauf wartete, dass ich Antwort auf meine Mail bekam. Und so wurde ich sehr nervös, als ich ca. 12 Stunden lang keine Mail bekommen konnte, weil mein Account durch zwei Riesenmails übergelaufen war! Mir war es sehr wichtig, dass er die Mail bekommt! Ich hielt das, was ich mit Gott und seiner Musik erlebt hatte für außergewöhnlich. Und so war es mir sehr wichtig, dass er es auch erfuhr. Darüber würde er sich sicher sehr freuen, so mein Gedanke! Und mir war es ein Herzensanliegen, mich bei ihm zu bedanken. Nun wusste ich ja nicht mal, ob dieser Dank ihn erreicht hatte. Das fand ich schade! Diese Tatsache entmutigte und verunsicherte mich. Sollte ich ihm dieses Glaubenszeugnis dann überhaupt zuschicken? Hatte er die Mail überhaupt bekommen? Vielleicht war er im Urlaub? Immer wieder kamen solche Gedanken und jedes Mal sagte ich mir, dass ich mich davon nicht verunsichern lassen sollte! Das wichtigste ist, das Zeugnis weiterzuschreiben! Vielleicht wollte mich auch mal wieder jemand verunsichern… Ob ich es ihm trotzdem zuschicke, darüber konnte ich ja noch beten! Ich tendierte aber zu einem ja! Ich hatte getan, was ich tun konnte, den Rest musste nun Gott machen. Ich legte es in Seine Hand.

Ich war sehr dankbar, dass wir uns alle eigentlich recht schnell an den Gedanken der Urlaubsstreichung gewöhnt hatten und dankte Gott dafür! Wir beschlossen zu einem späteren Zeitpunkt vielleicht einen solchen Urlaub nachzuholen! Eine „Nebenwirkung" hatte das Ganze: Ich hatte nun recht viel Zeit zum Schreiben! Das Packen und Erledigen von Dingen, die vor einem Urlaub zu tun sind, fiel weg, sowie mindestens 10 Tage, an denen ich gar nichts hätte schreiben können! Außer am Sonntag saß ich täglich ca. 2 Stunden am Computer und durfte staunen: Es entstand eine recht umfangreiche Geschichte, die Gott in meinem Leben bisher geschrieben hatte! Ihm sei die Ehre dafür! Bis zum 11.6. füllte ich fast 40 DIN-A4-Seiten, also vermutlich ca. die doppelte Anzahl an DIN-A5 –Seiten. Hatte Gott gewollt, dass ich die Zeit zum jetzigen Zeitpunkt haben würde, um aufzuschreiben, was Er Wunderbares in meinem Leben getan hatte? Ich hörte weiter immer wieder „meine Musik", um zur Ruhe zu kommen. Ich war so froh, dass Jesus mir die wohltuende Musik von Danny Plett erneut geschenkt hatte! Sie ist für mich ein riesiges Gottesgeschenk!

♫ ♫ ♫

Am 12.6.2014 gingen die Kinder und ich zu einem Adoniakonzert (christlicher Projektchor für Kinder und Teenys). Uns gefiel es allen sehr gut. Es war ein Highlight in den Pfingstferien.

Einen Tag später wollten wir ja ursprünglich zu meinen Eltern fahren. Dann hätten wir aus Zeitgründen ein solches Konzert nicht mehr besucht. Wir waren froh darüber, dass wir dort waren. Den Kindern hatte es so gut gefallen, dass sie überlegten, im nächsten Jahr auch mal bei so einem Projektkinderchor mitzusingen.

Zu Beginn der neuen Woche stellte sich dann heraus, dass aus unterschiedlichen Gründen dieses Wochenende aufgrund von Ereignissen bei meinen Eltern vermutlich sehr unruhig geworden wäre. Auf jeden Fall wurde mir bewusst, dass Gott einen Besuch zu diesem Zeitpunkt nicht wollte und dass das auch letztlich gut so war, besonders für mich. Ich hatte den Eindruck, dass der gute Hirte mich schützen wollte und dankte Ihm dafür.

Ich telefonierte mit meiner Schwester. Wir hatten nur alle paar Monate Kontakt. Im Gespräch fühlte ich mich verletzt von ihr. Hinterher war ich den Tränen nahe und sehr aufgewühlt. Ich floh ins Gebet: „Herr, ich vergebe ihr. Nimm mich in deine Arme, lass mich Deine Liebe spüren, den Wasserfall Deiner Liebe, tröste Du mich, Jesus. Ich bin froh, dass wir nicht zu meinen Eltern gefahren sind. Danke, dass Du aufpasst, dass die dünne Haut, die sich über meine Wunde gebildet hat, nicht wieder aufreißt. Danke!" Ich hörte und genoss die Lieder „In deinen Armen berg ich mich" und „Wie ein Strom". Ich war wieder mal so unendlich dankbar für diese Musik! Danny Plett sollte wirklich erfahren, wie viel Segen sie in mein Leben brachte und bringt! Ich nahm mir vor, mich nicht so viel bei meiner Schwester zu melden, eher auf Rückzug zu gehen. Ich brauchte einfach Schutz.

Am 21.6. 2014 schickte ich die Mail nochmals an dieselbe Adresse mit der Bitte, es mir doch kurz mitzuteilen, wenn er sie bekommen hat.

Als die Schule wieder begann, hatte ich den Eindruck, dass die Kinder mit der Feriengestaltung recht zufrieden waren. Gut war, dass wir in den Sommerferien auch noch Urlaub geplant hatten. Das Wetter war hier super, an der Nordsee eher windig und kühl. Und ich konnte die Zeit gut zum Schreiben meines Zeugnisses nutzen.

Am 30.6.2014 konnte Rainer dann auch wieder arbeiten gehen.

Am Ende des Monats kam mir ein Gedanke: Vielleicht ist es ja so, dass diese Mail-Adresse stets nur um eine Tournee herum geschaltet ist. Deshalb war er Ende letzten Jahres und zu Beginn des neuen so erreichbar, nun aber nicht mehr, da die nächste ja erst wieder im Jahr 2015 ist… Das würde erklären, wieso ich nichts höre. Er hat sie vermutlich gar nicht bekommen! Ich betete und fragte Gott, was ich tun sollte.

Ich merkte, dass nun für mich wieder die Zeit gekommen war, ins Dachgeschoss auf die „Wiese" zu gehen. Und ich stellte fest, dass ich mich darauf freute.

Ist jemand in Christus –
Darum jubel ich dir zu

Ist jemand in Christus[13]

Ist jemand in Christus, so ist er eine neue Kreatur, das Alte ist vergangen, siehe ein Neues ist geworden.

♫ ♫ ♫

Darum jubel ich dir zu[14]

1. *Wiesen und Berge, die Wälder und Seen, was lebt und atmet in Tälern und Höhn: es trägt deine Handschrift, bezeugt dein Tun, verkündet deinen Ruhm.*

2. *Das Werk deiner Liebe, dass du in mir vollbracht, das mich zum Kind deines Reiches gemacht: es trägt deine Handschrift, bezeugt dein Tun, verkündet deinen Ruhm!*

Refrain: *Und darum jubel ich dir zu, dass jeder es hört: der Meister bist du. Ich will tanzen und singen vor dir, du herrlicher Schöpfer, ehre sei dir!*

30.6.2014

Ich setze mich an einem Pfeiler in der Mitte des Raumes im Dachgeschoss auf einem Sitzkissen. Ich merke, dass ich Schutz brauche. Mit meinem MP3-Player höre ich „Fürchte dich nicht". Meine Schuhe habe ich mir ausgezogen und spüre den eher kühlen Fliesenboden. Ich höre das Lied drei Mal, merke aber, dass mir der Mut zum Aufstehen noch fehlt. Mir kommt das Lied "Steh ich heute

---

13 Plett, Danny: „Ist jemand in Christus"; Text: 2. Korinther 5,17; Musik: Danny Plett
14 Plett, Danny: „Darum jubel ich dir zu" Originaltitel: „Stand Here And Rejoice"; Text und Musik: Danny Plett Deutscher Text: Ute Meißner © 2004 JANZ Musikverlag adm. by Gerth Medien Musikverlag, Asslar

auf" in den Sinn. Als ich es laufen lasse, steigen mir die Tränen in die Augen: Das ist genau das richtige Ermutigungslied für mich! Ich lächle, stehe auf. Der Text, die Melodie, tun mir sehr, sehr gut. Langsam gehe ich durch den Raum. Ich höre es ein zweites Mal und stelle das Gerät aus. Ich bete still und frage mich, was nun dran ist. Mit einem Mal realisiere ich die viereckigen Fliesen. Ich denke an das Hüpfspiel „Himmel und Hölle". Mir huscht ein Lächeln über die Lippen. Ich habe Lust, von Kästchen zu Kästchen zu springen und mache es auch. Mein Hüpfen wirkt auf mich etwas steif, schwerfällig, die Leichtigkeit fehlt. Es fühlt sich neu und fremd für mich an, macht aber Lust auf mehr davon. Mein Blick fällt auf die Schaukel. Ich überlege, ob ich mich daraufsetze. Ich mache es, bewege die Füße nur ein wenig, ohne sie vom Boden anzuheben. Alles fühlt sich fremd an, vor allem, als ich dann etwas mehr Schwung nehme. Ich weiß, dass ich als Kind nur sehr wenig geschaukelt habe. Danach hole ich mir das kleine Trampolin aus der Ecke und hüpfe kurz wenige Male. Ich spüre Scham in mir und denke: Was tu ich da eigentlich? Als Erwachsene Kinderspiele machen; ist das nicht albern? Aber dann erlebe ich Freude in mir, Lebendigkeit, etwas Neues keimt auf. Ich würde jetzt gerne ein fröhliches Kinderlied hören und weiß auch sofort welches: „Ist jemand in Christus, so ist er eine neue Kreatur." Es ist so fröhlich, lebendig, leicht und unbeschwert. Ich höre es drei Mal, bewege meine Füße dazu, tänzelnd, aber noch sehr zaghaft. Meine Hände halten das Abspielgerät; da ist noch keine Bewegung. Ich freue mich: Wer an Jesus glaubt, ist eine neue Schöpfung, bei Ihm ist Lebendigkeit. In Seiner Nähe ist Leben und Licht. Innerlich spüre ich Licht in mir, Helligkeit – völlig anders als noch vor einigen Wochen in der Ecke. Ich beende nach ca. 30 Minuten diese Einheit. Es fühlt sich alles für mich neu an, aber auch schön, hell, befreiend. Ich bin Gott dankbar!

♫ ♫ ♫

Ich wünschte mir sehr, dass Danny Plett meinen Dank erhält und liest. Rainer brachte mich auf die Idee, mich an seine Gemeindeadresse per Mail zu wenden und zu fragen, ob er sie überhaupt bekommen hatte. Das tat ich am 30.6. Am 2.7. kam dann endlich die ersehnte Antwort. Er entschuldigte sich sehr nett, dass er sich jetzt erst meldete, er hatte viel zu tun in letzter Zeit. Seine Worte waren so warmherzig und freundlich gewählt, dass mir fast die Tränen kamen. Selbst

Rainer meinte dazu: „Die Mail hat ihm aber mehr als nur fünf Minuten Zeit gekostet...!" Ich war so froh, dass er endlich meinen Dank erhalten hatte und schrieb ihm ein kurzes Dankeschön zurück. Außerdem teilte ich ihm mit, dass ich ein recht umfangreiches Glaubenszeugnis schreibe.

_2.7.2014_

Morgens sitze ich auf der „Wiese":

Ich höre dreimal „Fürchte dich nicht". Vor meinem inneren Auge sehe ich Jesus in weißem Gewand vor mir stehend, wie Er mir die Wahrheit dieses Verses aus Jesaja 43,1 zuspricht: „Fürchte dich nicht, denn ich habe dich erlöst. Ich habe dich bei deinem Namen gerufen; du bist mein." Diese Zusage ist mein Taufspruch. Ich merke, ich brauche heute das Lied nicht „Steh ich heute auf". Ich kann aufstehen, hatte mir schon die Schuhe vorher ausgezogen. Nun steh ich, das Lied ist zu Ende und was jetzt? Ich drücke an meinem MP3-Player herum und erreiche „Im finstern Tal". Der Refrain dieses Liedes bringt mich immer wieder in Bewegung. Erst bewege ich meine Füße im Stehen, dann gehe ich etwas tänzelnd durch den Raum, die Arme halte ich ruhig, meine Hände halten das Abspielgerät. Ich hebe meinen Kopf hoch, fühle mich frei, spüre Lebendigkeit in mir. Ich fange an, spielerisch über die Fliesen zu laufen, kurz auch zu hüpfen. Dann kommt mir die Idee, wie ein Hampelmann zu hüpfen. Ich mache dies nur kurz und erschrecke. Es ist so ungewohnt für mich, fremd. Ich gehe weiter tänzelnd durch den Raum, beschwingt, aber eher noch bewegungsarm. Dieses fröhliche Lied höre ich zwei Mal. Dann laufe ich auf die Schaukel zu und höre: „Ist jemand in Christus". Ich pfeife fröhlich dazu, das Schaukeln selbst ist noch vorsichtig, mir wird fast ein wenig schwindelig. Ich verspüre Lebensfreude, Leichtigkeit, Licht, Lebendigkeit. Das ist so ganz anders als noch vor einigen Monaten: Ja, in Jesus bin ich eine neue Kreatur. Er hat in meinem Leben so viel neu und gut gemacht und heil! Ich bin tief berührt und dankbar dafür. Ich schalte das Abspielgerät aus, schreibe mir noch auf, was ich heute erlebt habe und gehe in meinen Alltag zurück.

♫ ♫ ♫

Am 4.7. hatte ich wieder Seelsorge. Ich bemerkte, dass das Spektrum meiner Gefühle größer, breiter geworden ist. Meine Seelsorgerin hielt das für gut. Diese Veränderung der Persönlichkeit sei von Gott so gewollt. Ich erklärte ihr, dass mich dieses Neue noch verunsichern würde. Das fand sie völlig normal und ermutigte mich, diesen Weg weiterzugehen. Begeisterung, Vorfreude, Neugier auf das, was kommt, sei Ausdruck des freien Kindes. Das sei noch ungewohnt, aber von Gott so gewollt und etwas Schönes!

Am 6.7. organisierte ich ein Gebetstreffen für eine Familie aus unserer Gemeinde, der es sehr schlecht ging und dringend unser Gebet brauchte. Wir trafen uns in den Gemeinderäumen. Es kam ein schweres Gewitter auf, während wir dort saßen. Ich hatte Angst vor der Heimfahrt; es waren 17 km zu fahren. Gegen 21.15 Uhr fuhr ich los. Es regnete noch stark. Im Auto hörte ich mehrmals „In deinen Armen berg ich mich" und merkte, wie die Angst kleiner wurde. Zuhause erfuhr ich, dass für unsere Region bis 21.15 eine Unwetterwarnung herausgegeben war. Erst zu der Zeit war ich abgefahren. Ich freute mich über die Bewahrung; die Fahrt verlief gut. Das Wetter hatte sich gerade rechtzeitig beruhigt. Am nächsten Tag erzählte mir die Frau, für deren Familie wir gebetet hatten, dass sie die CD „Dich will ich sehen" (ich hatte sie ihr vor kurzem gegeben) gerade in den letzten Tagen häufig gehört habe, weil sie ihr so gut tut. Welch ein Segen! Es ist wirklich eine wunderbare Gottesgabe, wenn man Menschen dermaßen tief und stark ansprechen kann! Ja, welch ein Segen!

Ich wusste seit Wochen, dass Gott möchte, dass ich das Geschriebene auch Danny Plett zukommen lassen soll. Ich hatte daran nie wirklich Zweifel, dass das so Gottes Wille ist! Ich war mit dem Schreiben so weit, dass mir klar wurde, dass der Zeitpunkt dafür nun richtig war. So betete ich und beschloss am kommenden Samstag, 12.7., alles per Mail nach Kanada zu senden. Irgendwie hatte ich etwas Angst vor Attacken Satans. Aber ich wollte mich davon nicht entmutigen lassen, sondern Gott gehorsam sein. Als ich ihm das letzte Mal schrieb, stürzte kurz vorher Rainer.

Am 10.7. ging abends das Telefon. Es war Rainers Mutter: sein Vater war am späten Nachmittag ganz plötzlich an einem Herzinfarkt gestorben. Wir beide waren geschockt. Wir weinten, redeten, was es nun zu regeln geben würde. Eigentlich wollte ich am nächsten Tag auf „meine Wiese" gehen; ich freute mich darauf. Wie schnell kann alles so ganz anders sein! Mir kam das Lied in den Sinn „All unsre Tränen". Wir beschlossen, das Ganze den Kindern erst am nächsten Nachmittag zu erzählen, damit sie in der Lage sein würden, in die Schule zu gehen. Sie mögen den Opa sehr; ich verstand mich auch sehr mit ihm. Und nun doch wieder ganz viel Unruhe, Traurigkeit in mir, bevor eine Mail zu Danny Plett geschickt werden sollte... Aber ich dachte, dass Gott sich dabei sicher was gedacht hat; ich weiß nicht, was. Wir wollten die Kinder mit zur Beerdigung nehmen, die im Norden von Deutschland stattfinden würde, damit sie Abschied nehmen könnten. Es gab viel zu klären: Schulbefreiung, Zimmerbuchen, Packen, die Frage klären, wie wir es den Kindern sagen...

Ich kam im Bett lange nicht zur Ruhe, war aufgewühlt und traurig. Ich holte meinen MP3-Player und kam bei den ersten Liedern von der CD „Ich will dich sehen" langsam zur Ruhe. Aber es brauchte die ganze CD, bis ich endlich schlafen konnte.

Am nächsten Tag bat ich Gott um Kraft, damit mir die Kinder nichts anmerkten. Ich hörte den ERF, wie meist am Morgen. Mit einem Mal hörte ich das Lied „Meine Hilfe" und dachte, dass das Lied den ganz typischen Stil hat von Danny Plett. Der Beginn wurde von einer Frau gesungen. Mich sprach das Lied mit den Worten aus Psalm 121 sofort an, die wunderschöne Musik und der Text: Meine Hilfe kommt vom Herrn...; ja, das brauchte ich jetzt! Mit einem Mal hörten wir eine Männerstimme und Salina schrie: „Das ist Danny Plett". Ich fing an zu weinen, gut, dass gerade Salina von einer Freundin zur Schule abgeholt wurde. Und wieder schenkte Gott mir Kraft durch ein Lied von Danny Plett! Ich betete, dass ich trotz aller Unruhe es irgendwie hinbekommen möge, die Mail an ihn am nächsten Tag zu starten. Ich versuchte Näheres über das Lied herauszubekommen. Es stand in keinem Liederbuch, das ich habe. So rief ich einfach beim Sender an und erfuhr, dass es ein Lied von ihm ist aus dem Jahre 2000.

Und wieder mal brauchte ich die Nähe, Kraft und Hilfe des guten Hirten auf der „Wiese" des Lebens. In allen Anfechtungen und Schwierigkeiten wollte ich darauf vertrauen, dass Jesus in allem der Sieger ist und mit dem, was Er noch vorhat, zum Ziel kommen wird. Ich las den Text unterhalb der Losungen. Er tat mir gut:

„Ja, Jesus siegt! Wir glauben es gewiss, und glaubend kämpfen wir. Wie du uns führst durch alle Finsternis, wir folgen, Jesu, dir. Denn alles muss vor dir sich beugen, bis auch der letzte Feind wird schweigen. Ja, Jesus siegt!"(Johann Christoph Blumhardt).

Dieser Freitag wurde ein schwerer Tag. Vieles war zu regeln, Termine abzusagen und das Schwerste, es den Kindern zu sagen. Das tat ich am Nachmittag. Sie weinten sehr, konnten es gar nicht glauben. Immer wieder ging mir das schöne Lied durch den Kopf „Meine Hilfe kommt vom Herrn…". Am Nachmittag bestellte ich mir dann die CD, auf der das Lied zu finden war: „Zukunft und Hoffnung" (neu aufgelegt 2013). Nicht nur dieses Lied sollte mir von der für mich neuen CD in nächster Zeit zum Segen werden.

Mir war es sehr wichtig, die Mail mit dem Text Danny Plett zukommen zu lassen. Dafür brauchte ich Rainers Hilfe. Ich war froh, dass das alles am Samstag, 12.7., klappte, obwohl uns viele, viele andere Dinge durch den Kopf gingen. Bisher hatte keiner meinen Text gelesen; Danny Plett würde der erste sein. Aber das fand ich auch schön so; ohne ihn und seine Musik gäbe es diesen Text nicht!

Wie wichtig wurde mir mal wieder seine Musik im ganz normalen Alltag: „In deinen Armen berg ich mich" tat mir gut, das für mich neue Lied „Meine Hilfe" und „All unsre Tränen". Oft hörte ich die CD „Dich will ich sehen", um innerlich zur Ruhe zu kommen und überhaupt schlafen zu können. Und ich erlebte die Musik wieder mal als sehr tröstlich.

Wir vier weinten viel, konnten über das reden, was uns beschäftigte, dann aber auch mal zwischendurch lachen. Wir bekamen viel Zuspruch und Gebet aus der Gemeinde; das tat gut! Am Montag, 14.7., kam eine Mail von Danny Plett, dass er die Mail mit dem Text bekommen hat und nun lesen wird. Ich war sehr dankbar für diese kurze Information. Die nächste Zeit kostete viel Kraft und Tränen. Die Beerdigung sollte nun doch erst zwölf Tage nach dem Tod des Schwiegervaters sein. Wir buchten eine Ferienwohnung für zwei Nächte.

Ich scheute mich vor der langen Fahrt (mehr als 600 km). Ich hoffte auf Kraft und Hilfe von Gott.

Ich fragte mich, wie es therapeutisch weitergehen würde. Auf die „Wiese" ins Dachgeschoss mochte ich nicht gehen. Das passte nicht. Ich konnte mich nicht mit dem freien Kind in mir beschäftigen, nichts Kindliches ausprobieren. Danach war mir gar nicht! Das Ganze wurde von der Trauer überlagert. Die Trauer ist bei mir bewegungsarm, da konnte ich nicht von mir erwarten, in die Bewegung zu gehen, dem freien Kind in mir nachzuspüren... Aber ich machte mir bewusst: Es würde ja weitergehen. Im Moment ist es Zeit zu trauern, dann aber wird Gott mit den Prozessen weitermachen. Darauf vertraute ich ganz fest. Und wieder war es dran, den Alltag zu leben, nah bei Jesus zu bleiben. Wie gut eignete sich die Musik auch dort, war mir Hilfe, Trost, Kraftquelle.

Mir kam der Gedanke: Ich denke, Gott will mit dieser „Geschichte der Heilung" uns beide sehr beschenken, mich durch die Musik und Texte, die mir so sehr zum Segen wurden und Danny Plett, der durch das alles sicher riesig ermutigt wird als Musiker. Außerdem wäre dies ein Geschenk für alle, die vielleicht das lesen würden, was ich aufschreiben durfte. Über diese Gottesgeschenke freute ich mich. Ich war auf seine Reaktion gespannt und schrieb ihm, er solle sich für das Lesen Zeit nehmen. Ich ging davon aus, dass ihn das alles sicher sehr betroffen macht und er das erst mal „sacken lassen" musste.

Am 21.7. fuhren wir in den Norden Deutschlands. Ich brauchte das Lied „Steh ich heute auf" und hörte es mehrmals; es tat mir so gut! Und das schöne Lied „Meine Hilfe". Wie gut, sich die Hilfe Gottes bewusst zu machen! Es waren schwere Stunden und ich war Gott so dankbar für „meine Musik". Die neue CD „Zukunft und Hoffnung" machte mir viel Mut und schenkte mir viel Kraft, so z. B. das altvertraute Lied „Fürchte dich nicht" in einer anderen Fassung als auf der Kinder-CD. Gott sprach so stark zu mir durch diese Musik, auch im Alltag; ich staunte, wie sehr sie mich in Gottes Arme zog! Ich bin noch nie so sehr durch Musik gesegnet worden! Ich fühlte mich reich beschenkt von Gott in all dem Schweren.

Bei der Trauerfeier kam mir das Lied in den Sinn „All unsere Tränen". Hinterher fühlte ich mich elend, kraftlos, erschöpft, traurig. Ich hörte wieder die CD „Dich will ich sehen". Immer wieder stellte ich fest, dass ich innerlich ruhig wurde, die Musik tröstete und ich schlafen konnte. Und mir fiel noch etwas auf: Ich spürte beim Hören dieser Musik gar nicht mehr den Schmerz in mir – für mich ein klares Zeichen, dass Gott wirklich Heilung geschenkt hatte! Ihm sei die Ehre dafür!

Wieder Zuhause angekommen war alles unruhig bei uns, mir ging es nicht gut. So startete ich eine Rundmail an unsere Gemeinde mit Bitte um Gebet.

Gott hatte mir seit April liebevoll und vorsichtig Schritt für Schritt gezeigt, dass Er sich wünscht, dass ich veröffentliche, was ich mit Ihm und dieser Musik erlebt hatte. Ich fühlte mich wieder mal deshalb sehr angefochten und rief in unserer Gemeinde zum Gebet auf. Wie Gott mich dahin geführt hatte ein Buch zu veröffentlichen, schildere ich im nächsten Kapitel. Auch da konnte ich über Sein Handeln nur staunen…!

Ich schrieb alles auf, was ich mit dieser Musik erlebt hatte im Alltag. Wann ich wieder auf „meine Wiese" gehen würde, wusste ich nicht und legte es in Gottes Hand. Noch fühlte ich mich dazu nicht in der Lage.

Am 10.8. war es dann soweit. Ich fragte mich, ob die „Wiese" nun richtig war. Ich fühlte mich entmutigt, schwach, dachte an das Lied „Guter Hirte". Meine Seelsorgerin riet mir, mich mit der ganzen Thematik nicht zu beschäftigen, noch Pause zu machen. Ich wusste, dass das gut gemeint war, hatte aber trotzdem den Eindruck, dass dieser Tipp von ihr nicht richtig war. So betete ich am Sonntagnachmittag und ging dann ins Dachgeschoss.

10.8.2014

Ich ziehe Schuhe und Socken aus, höre mit meinem MP3-Player „Guter Hirte". Das Lied tut mir gut. Es passt gerade zu dem, wie ich meinen Alltag erlebe. Ich brauche den guten Hirten so sehr auf dem Weg „Veröffentlichung". Ich höre „Ist jemand in Christus", meine Füße wippen, ich stehe auf, lächle. Diese fröhliche Musik tut mir gut. Ich tänzele von Fliese zu Fliese, meine Schritte werden beschwingter. Ich spüre Lebendigkeit in mir. Ich stelle mir das Kind in weißem Kleid vor, das tanzt. Ich höre das Kinderlied „Lebendiges Wasser" und dann „Ich will dem Durstigen geben von dem Brunnen des lebendigen Wassers umsonst" (Offenbarung 21, 6b). Ich denke an meine Wüstenwanderung und dass Gott mir Wasser schenkt, um mich zu erquicken. Ich lächle die ganze Zeit; spüre Lebendigkeit in mir. Ich tanze durch den Raum, noch etwas vorsichtig, ohne auch die Arme zu bewegen. Mir tut die Musik so gut! Auch das Lied „Denn bei dir ist die Quelle des Lebens und in deinem Lichte sehe ich das Licht. (Psalm 36,10)". Die Vorstellung von Wasser und Licht gefällt mir. Ja, bei Gott bekomme ich das, was ich brauche: Kraft, Lebendigkeit, Freude, Licht, Wasser. Ihn brauche ich! Ich höre noch „Darum jubel ich dir zu". Ja, Gott ist Schöpfer von allem, Er macht vieles neu, auch mich, Ihm gehört mein Jubel, mein Lob! Mir tut diese Zeit richtig gut. Sie hat mich herausgerissen aus Mutlosigkeit, dem Wüstendasein! Wie gut, dass ich auf die „Wiese" gegangen bin! Die Musik hat mich rausgerissen aus dem negativen Denken, so wie im Februar, als sie mich herausriss aus Hoffnungslosigkeit! Und sie legte das innere Kind in mir wieder frei, dass so verschüttet war durch den schwierigen Alltag der letzten Wochen und Monate. Welch ein Segen!

♫ ♫ ♫

Am nächsten Tag freute ich mich richtig auf meine „Wiese" und machte dasselbe Liedprogramm durch. Wieder tat es mir richtig gut!

14.8.2014

Ich begebe mich auf „meine Wiese": Ich höre „Im finstern Tal". Der fröhliche Refrain verleitet mich immer wieder dazu, mich zu bewegen. Ich tanze noch vorsichtig durch den Raum, anschließend genieße ich „Alle meine Quellen". Mir geht es psychisch nicht gut, aber diese Fröhlichkeit und Lebendigkeit dieser Musik spricht mich sehr an; damit hatte ich gar nicht so gerechnet, weil es in mir selbst anders aussieht! Ich gehe zur Schaukel und schaukle für meine Verhältnisse recht hoch. Dann tanze ich zu „Ist jemand in Christus". Die Musik scheint das in mir – durch die schwierigen Situationen der letzten Zeit – etwas verschüttete innere Kind anzusprechen, aus mir herauszulocken. Sie macht mich lebendiger; auch das ist Musiktherapie. Ich freue mich! Mit „Darum jubel ich dir zu" schließe ich diese Zeit ab.

♪ ♪ ♪

Mir ging es gesundheitlich in dieser Zeit nicht so gut. Ich war in den letzten Wochen sehr oft müde, schlapp, litt unter Appetitlosigkeit etc. Zunächst führte ich das auf die anstrengenden letzten Wochen zurück. Dann aber wurde mir klar, dass da noch etwas ganz anderes dahintersteckte: Ich hatte zu wenig Eisen im Blut. Das kannte ich bereits: Als ich 2010 begann, die Moms in Prayer Arbeit in unserer Umgebung aufzubauen, hatte ich mehrere Monate zuvor dieselben Symptome, allerdings noch viel schlimmer. Damals bekam ich vom Arzt ein Eisenpräparat verschrieben. Nun war ich froh, dass Gott mich darauf aufmerksam gemacht hatte. So konnte ich durch die Einnahme von Eisen effektiv etwas dagegen tun. Aber es würde sicher einige Wochen oder gar Monate dauern, bis es mir wieder gut gehen würde. Das wusste ich. Das baute mich psychisch auch nicht gerade auf! Aber ich freute mich erst mal auf den wohlverdienten zweiwöchigen Urlaub, der mir sicher gut tun würde, auch uns als Familie.

15.8.2014

Ich gehe wieder ins Dachgeschoss. Ich freue mich auf diese Zeit. Die Musik kitzelt aus mir meine Lebendigkeit heraus. Ich höre die gleichen Lieder wie beim letzten Mal. Ich staune, dass gerade jetzt, wo es in mir gar nicht fröhlich aussieht, die Musik Frohes aus mir herauslockt; sie mich fröhlicher macht. Ich hole mir ein Seidentuch und tanze durch den Raum. Mit der einen Hand schwinge ich das Tuch und mache sehr große, weite Bewegungen. Ich singe oder pfeife zur Musik und habe immer wieder ein Lächeln auf meinen Lippen. Ich staune wieder mal aufs Neue, wie sehr mir diese Musik zum Segen wird. Gott hat sich damit wirklich ein besonderes Geschenk für mich ausgedacht; ich freue mich darüber!

♫ ♫ ♫

Ich erinnere mich: Als ich vor vielen Jahren die Fortbildung zur Musiktherapeutin machte, fiel mir der Ausdruckstanz, das freie Tanzen, sehr schwer. Meine Bewegungen waren starr, bewegungsarm, ich fühlte mich dabei sehr unwohl. Ich bin so dankbar, dass Gott mich da rausholt, langsam, behutsam. Innerlich werde ich lebendiger und kann es mehr und mehr durch freies Tanzen nach außen bringen; schön!

Die Kinder hatten nun schon seit Ende Juli Ferien und waren für eine Woche auf einem christlichen Zeltlager. Ich beschäftigte mich nun mit dem Packen und freute mich nach dieser so schwierigen und angefochtenen Zeit auf unseren Urlaub. Einmal noch setzte ich mich in dieser Woche vor dem Urlaub an den Computer, um noch einiges zu schreiben, was ich mit Gott und der Musik erlebt hatte. Ich nahm mir vor, dann von diesem ganzen Thema mal abzuschalten. Das brauchte ich nun auch.

19.8.2014

Ich höre „Im finstern Tal", lächle, tanze noch vorsichtig durch den Raum. Mit einem Mal stecke ich mir den MP3-Player in meine Hosentasche und mache einen Hampelmann. Ich komme mir dabei etwas seltsam vor, als erwachsener Mensch so zu springen, merke aber, dass es mir gut tut. Es sieht ja außer Gott keiner zu, so schießt es mir durch den Kopf. Ich gehe davon aus, dass Er sich mit mir darüber freut. Bei „Lebendiges Wasser" pfeife ich und schwinge ein Seidentuch mit einer Hand. Das hat etwas Befreiendes für mich. Die fröhlichen Kinderstimmen und die vertraute Stimme von Danny Plett locken aus mir Lebendigkeit heraus. Mir tut das richtig gut, wenn auch sonst meine Stimmung nicht so hell und froh ist. Ich schaukle zu „Alle meine Quellen", singe dazu. Ich vermute, dass meine Augen strahlen. Bei „Ist jemand in Christus" und „Darum jubel ich dir zu" nehme ich zwei Tücher und schwinge sie tanzend mit großen Bewegungen. Ich merke, dass es mir gut tut, etwas in den Händen zu haben, an das ich mich im gewissen Sinne festhalten kann. Danach bin ich richtig aus der Puste. Die Zeit hat mir gut getan. Ich gehe gestärkt in den Alltag.

♫ ♫ ♫

Am 20.8. schrieb ich eine Rundmail an alle, die bezüglich der Buchveröffentlichung auf dem Laufenden gehalten werden wollen und dafür beten. Ich war sehr dankbar für jeden Einzelnen, der das Ganze im Gebet begleitete!

Die Kinder kamen glücklich vom christlichen Zeltlager zurück. Mir tat die Zeit auch gut und ich konnte in Ruhe packen. Salina sagte mir, dass ihr die Musik von Danny Plett gefehlt hätte... Am 23.8. ging es dann los: Eine Woche Schweiz auf einem uns schon gut bekannten Bauernhof mit Kinderbetreuung, der von einer christlichen Lebensgemeinschaft geführt wurde. Anschließend sollte es noch für eine weitere Woche ins Allgäu gehen, ebenfalls in ein christliches Haus. Ich bin immer gerne unter Christen; dann fühle ich mich auch in der Ferne schnell wohl. In der ersten Woche saß beim Essen stets ein sehr netter Kanadier aus British Columbia bei uns am Tisch, der beruflich einige Monate in Europa zu tun hatte und kein Wort Deutsch verstand. Da waren unsere Englischkenntnisse sehr herausgefordert! Ariane freute sich, das in der Schule Gelernte etwas anwenden zu können. Vielleicht sollte ich doch mein Englisch mal etwas aufbessern... Außerdem lernte ich ein Ehepaar mit Kindern aus Deutschland kennen; sie mochten die Musik von Danny Plett auch sehr. Es war schön, ein längeres Gespräch mit Gleichgesinnten zu führen. Die Frau lieh mir die sicher schon lange vergriffene CD „Best Of Danny Plett" aus dem Jahr 2006. Auch da entdeckte ich noch manche Lieder, die mich sehr ansprachen, wie z. B. das bereits erwähnte Lied „Du sagst Ja" oder auch „Heaven Knows" und „Willkommen".

Obwohl das Wetter nicht so schön war und ich mich durch den Eisenmangel ausgebremst fühlte, tat uns der Urlaub sehr gut! Ich war Gott sehr, sehr dankbar für diese Zeit des Kraftauftankens! Ich betete täglich für das Projekt „Buchveröffentlichung" und hörte immer mal wieder „meine Musik", ansonsten konnte ich gut von allem abschalten. In den Andachten in der Schweiz wurde ich auch immer wieder angesprochen. In einer Andacht ging es um Psalm 37,5: „Befiehl dem Herrn deine Wege und hoffe auf ihn, er wird's wohlmachen." Der Prediger ermutigte dazu, seinen Weg ganz Gott anzuvertrauen, Ihm zu übergeben; Er würde es gut und heilsam machen. Vertrauen sei dazu nötig. Der gute Weg sei allerdings oft nicht der Bequemste. Man solle Gott seine Zukunft anvertrauen.

In einer Auslegung zu Richter 7,9–15 sprach der Prediger im Sonntagsgottesdienst: „Manchmal scheinen auch in unserem Leben feindliche Mächte die Oberhand zu gewinnen, dann schau auf Jesus, nicht auf diese Mächte! Jesus und ich sind immer in der Übermacht! Gott nimmt uns die Angst vor dem Feind weg; bei Ihm sind wir geborgen. Und Gott stellt uns Menschen zur Seite, die uns beistehen." Bei diesen Worten musste ich an die geistlichen Angriffe der letzten Zeit denken, die ich im nächsten Kapitel näher beschreiben werde. Mir taten diese Worte sehr gut.

Im Urlaub fühlte ich mich immer mal wieder nicht so wohl, weil ich mich nicht in der vertrauten Umgebung aufhielt. Das erlebte ich auch in den Urlauben der letzten Jahre. Es sind letztlich noch Reste meiner Platzangst. Mir tat es gut, mich an Lieder wie „In deinen Armen berg ich mich" zu erinnern, die Geborgenheit bei Gott vermitteln.

Wenn ich an die Zeit wieder Zuhause dachte, sprachen „zwei Stimmen" in mir, die ich ganz gut zuordnen konnte: Die eine Stimme gehörte dem Alten, dem verletzten Kind, das ängstlich sagt: „Jutta, wer weiß, was dich erwartet, was gerade auch mit der Buchveröffentlichung noch alles auf dich zukommen wird. Vielleicht wird dich alles überfordern, du hast ja noch andere Aufgaben zu bewältigen. Es ist so vieles offen und unklar, Danny Plett hat sich auch noch nicht gemeldet. Alles ist so unsicher. Du brauchst doch noch so viel Halt und Sicherheit!" Und dann war da aber auch die andere Stimme, die eher noch recht leise zu mir sprach, die des freien Kindes: „Sei doch freudig gespannt, wie Gott weiter an dir wirken wird, wie alles mit dem Projekt weitergeht. Das wird sicher ein aufregender Weg, ein kleines Abenteuer an der Seite eines großen Gottes. Der gute Hirte geht doch mit! Geh mutig voran!" Und ich betete dafür, dass das freie Kind immer mehr Raum in mir gewann. Mir wurde bewusst: Die erste Stimme ist letztlich die Satans, der keine Heilung will, der mich bei dem Alten belassen will. Die zweite Stimme ist die des Guten Hirten Jesus, der mein Bestes will, mich liebt, bei dem ich finde, was ich immer noch sehr brauche: Geborgenheit, Sicherheit und Halt. Auf Ihn wollte ich sehen!

Am 30.8. fuhren wir über Winterthur, wo wir eine liebe, schon ältere Freundin von mir, besuchten, ins Allgäu, in die Nähe von Füssen. In den letzten Herbstferien Ende Oktober 2013 waren wir das erste Mal dort. Damals entstand in uns der Wunsch, die schöne Gegend mal im Sommer zu sehen. Ich musste daran denken, was alles in meinem Leben seitdem geschehen ist. Im Oktober fand dieses intensive Gebet um innere Heilung statt. Ich staunte neu darüber, was Gott inzwischen getan hatte und vor allem auch, auf welchem Weg Er mir Heilung geschenkt hatte! Auf so eine wunderbare Idee wäre ich beim besten Willen nicht selbst gekommen! Gott geht manchmal wirklich besondere Wege mit uns! Ja, Gott ist unglaublich!

Wenn ich an den Urlaub dachte, wurde ich an den Psalm 23 erinnert. Ja, das hatten wir erlebt: Gott weidete uns auf einer grünen Aue, führte uns zum frischen Wasser und erquickte Leib und Seele! Ihm sei dafür von Herzen Dank! Nun konnten wir – von Ihm gestärkt – wieder in den Alltag gehen.

Am Sonntag, 7.9.2014, fuhren wir in den Gottesdienst. Es kamen einige Gespräche zustande, auch über mein Projekt. Meine Seelsorgerin begrüßte mich sehr herzlich. Wir waren in unserem geistlichen Zuhause wieder angekommen!

So wie es aussieht, wird es voraussichtlich erst mal nicht zu einer Begegnung mit meinen Eltern kommen. Meine Seelsorgerin hielt das für eher gut. Das freie Kind in mir könne so erst noch stabiler werden, das Neue mehr einüben. Sie meinte, wir sollten noch ein paar Wochen Pause machen und dann zum Thema „Elternbeziehung" uns nochmals eine Zeitlang treffen. Ich sagte ihr, dass ich mich wohl eher in einem Zwischenstadium befinde, Altes noch da ist, das freie Kind aber auch da ist, es aber noch mehr Raum einnehmen sollte. Sie freute sich sehr, als ich ihr erzählte, dass ich zur Musik getanzt hätte. Meine Sprache sei die Musik, so meine Seelsorgerin.

12.9.2014

Ich gehe auf meine „Wiese". Ich trage Socken, da der Boden kühl ist. Ich tanze mit Tüchern zu den Kinderliedern „Lebendiges Wasser" und „Alle meine Quellen".

Meine Arme machen schwingende, ausschweifende Bewegungen. Ich lächle, fühle mich frei und froh. Bei „Im finstern Tal" gehe ich zum Rhythmus der Musik, hüpfe von Fliese zu Fliese. Ich lasse die CD weiterlaufen und schaukle. Ich merke Scham in mir, weil ich als Erwachsene schaukle, aber dann siegt die Freude in mir, dass ich das tu; es macht mir Spaß. Da mir recht schnell schwindelig wird, höre ich bald damit auf. Ich bewege mich zu „Ist jemand in Christus" und schließe das Ganze ab mit „Darum jubel ich dir zu". Ich freue mich. Es ist hell in mir. Ich tanze zur Musik; es tut mir gut. Ich bin leider relativ schnell aus der Puste, was mit meinem Eisenwert zusammenhängt. Aber ich freue mich, dass ich nun tanzen kann! Lange Zeit war ich gar nicht wirklich in der Lage mich zu Musik zu bewegen, weil durch die Verletzungen wenig Lebendigkeit in mir war. Ich bin Gott so dankbar für Sein Handeln an mir! Bei den letzten Takten gehe ich auf die Knie und bete Gott an. Ich fühle mich erfrischt, als ich in den Alltag gehe.

19.9.2014

Wieder gehe ich ins Dachgeschoss und bewege mich zu den Kinderliedern. Mir fällt auf, dass immer wieder die Worte „Leben", auch „Wasser" vorkommen. Ja, bei Gott ist Leben und Lebendigkeit! Ich springe Seilchen, was aber mehr schlecht als recht klappt. Trotzdem tut es mir gut. Ich hole ein Stück Kindsein nach – schön! Ich spüre eine große Dankbarkeit Gott gegenüber und dieser schönen, mir so wohltuenden Musik! Diese Fröhlichkeit der Klänge tut gut! Die spätsommerliche Sonne scheint durchs Fenster. Ich tanze, nun auch ohne das mich Festhalten an Tüchern; es ist zunächst ungewohnt. Nun bin ich dort, wo ich hinwollte: von der Ecke hin zur Schaukel und ich tanze – genial! Ich singe es fröhlich mit: Bei dir ist die Quelle des Lebens. Ich denke an einen Spruch (ich glaube, er soll von Augustinus sein): „Mensch, lerne tanzen, sonst wissen die Engel im Himmel mit dir nichts anzufangen!" Ja, ich will singen und tanzen vor Ihm!

♫ ♫ ♫

Der Schulalltag begann. Ich startete wieder durch mit Frauenkreis sowie Moms in Prayer. Ich wartete auf eine Mail von Danny Plett, hatte aber nicht den Eindruck, dass Gott will, dass ich mich nochmals wieder bei ihm melde. Also wartete ich ab. Immer wieder ging ich ins Dachgeschoss. Und ich tanzte verstärkt auch ohne Tücher in der Hand. Es tat mir gut!

Ich dachte nach: Wie wunderbar hatte Gott mich durch diese Musik gesegnet! Erst machte sie mich auf einen tief sitzenden Schmerz in mir aufmerksam. Dann schenkte sie mir ganz viel Trost in der Tiefe meiner Seele. Ich durfte innere Heilung erleben durch Musik, innere Bilder und der so intensiven Zeit mit Gott im Gebet. In den Monaten danach begleitete, stärkte und tröstete mich die Musik in meinem schwierigen Alltag, schenkte Kraft und Mut. Und nun lockte sie durch die Kinderlieder Lebendigkeit aus mir heraus. Sie brachte mich in Bewegung, körperlich und seelisch! Und sie trieb mich immer wieder in Gottes liebende Arme und in die Anbetung. Welch wunderbare Wirkung der Musik von Danny Plett auf mich, welch ein Segen! Gott ist unglaublich! Mir standen die Tränen in den Augen, als mir neu bewusst wurde, was Er Wunderbares getan hatte in den letzten Monaten. Ich konnte von Herzen mitsingen: „Lobe den Herrn, meine Seele und vergiss nicht, was Er dir Gutes getan hat". Er hatte Veränderung geschenkt vom verletzten inneren Kind und führte mich Schritt für Schritt zum freien Kind! Wie gut!

Mein Gebet ist es, dass Er diesen Weg weiter mit mir geht, ich immer mehr hineinwachsen darf in das freie Kind. Und ich bitte Ihn, dass ich auch weiter Halt, Geborgenheit und Sicherheit suchen und finden darf bei Ihm; das brauche ich weiterhin. Er wird diesen Weg weiterführen, den Er in den letzten Monaten mit mir gegangen ist; davon bin ich überzeugt! Ich bin sehr dankbar dafür!

Gott hat eine wunderbare Geschichte der Heilung in meinem Leben geschrieben. Ich durfte sie erleben, erfahren und schließlich zu Seiner Ehre aufschreiben! Halleluja!

Teil II – Veröffentlichung und weiterer Auftrag

Meine Hilfe kommt vom Herrn[15]

Ich hebe meine Augen auf zu den Bergen, woher kommt mit Hilfe.
Meine Hilfe kommt vom Herrn, der Himmel und Erde gemacht hat.

Ich hatte von Anfang an den Eindruck, dass Gott gerade einen ganz besonderen Weg mit mir geht. Es war eine Geschichte der inneren Heilung, die Er in meinem Leben schrieb. Er gebrauchte dazu Musik von Danny Plett, aber auch innere Bilder sowie meine vielen Gebete, um heilsame Veränderung zu schenken. Mir wurde immer klarer, dass ich das schriftlich festhalten sollte.

Am Samstag, dem 5.4.2014, schoss es mir am Vormittag – nachdem ich in der Ecke gebetet hatte, dass ich meinen Eltern und meiner Schwester vergebe – durch den Kopf: Vielleicht könnte man ja das Ganze veröffentlichen?! Ich war mit einem Mal ganz aufgeregt. Mir kamen schon viele Ideen: Der Titel stand schon fest: „Du siehst die Wunden und heilst mein Herz". Man könnte es in eine Tagebuchform bringen. Die Liedtexte, die mir wichtig geworden waren, müsste man abdrucken. Da mich ja gerade die Musik so berührt hatte, sollte es eine CD mit den entsprechenden Liedern geben. Eine Kapitelauswahl würde sich an dem orientieren, was ich inhaltlich im Prozess erlebt hatte. Schön fände ich, wenn die einzelnen Kapitel Liedtitel als Überschrift hätten. Es wäre klar: Ohne das Einverständnis von Danny Plett kann und will ich nichts tun! Ich dachte, dass es auch von der Aufmachung her ein ganz besonderes Buch sein würde. Zwischendurch dachte ich: „Jutta, jetzt bist du völlig durchgeknallt; das ist doch alles Quatsch!" Ich schüttelte meinen Kopf bei diesem Gedanken, so, als wollte ich alles schnell wieder herausschütteln. Dieses Thema kam an diesem Vormittag ganz blitzartig und beschäftigte mich einige Stunden. Ich hatte früher schon beobachtet, dass so plötzlich auftretende Einfälle, wenn ich sie im Gebet geprüft

---

15 Plett, Danny: „Meine Hilfe kommt vom Herrn"; Text: Psalm 121,1–2; Musik: Danny Plett

hatte, oft von Gott kamen. War das jetzt etwa auch so? Entweder der Gedanke kam von mir und ist völlig verrückt, dann würde er sicher verschwinden oder er war wirklich von Gott…, oje! Ich war total aufgeregt, sprach darüber aber mit keinem, außer mit Gott. Wenn diese Idee von Gott kommt, wäre ich ja vielleicht dazu bereit, aber dann müsste Er mir – und von mir unabhängig auch Danny Plett – dies deutlich zeigen! Ziel wäre für mich: Dieses Zeugnis sollte zur Ehre Gottes geschrieben werden. Andere Menschen sollten dadurch ermutigt werden, sich auf innere Heilungsprozesse einzulassen. Es sollte bestätigen, dass Gott ein Gott der Heilung ist und dass dies u.a. durch Musik geschehen kann. Mein Wunsch wäre, dass andere Menschen dadurch sehr gesegnet werden würden und in ein Staunen über Gottes große Taten kämen. Und wenn diese Musik bekannter werden würde, würde mich das für Danny Plett freuen und für die Menschen, denen sie auch zum Segen werden könnte. Mir ging es z.B. nicht darum, damit Geld zu verdienen oder bekannt zu werden. Im Gegenteil: Der Gedanke, meinen Name könnte man plötzlich im Internet oder im Bücherprospekt lesen, wäre mir eher unangenehm. Ich bleibe viel lieber gerne im Hintergrund! Aber bei all dem sollte ja auch Gott im Vordergrund stehen…! In der Mittagszeit dachte ich: So, nun lass ich das Thema los! Wenn Gott so etwas möchte, dann muss Er das zeigen. Ich will offen sein dafür. Aber dann muss Er erst noch viele Türen öffnen; ich lege es in Seine Hand! Ich betete: „Herr, wenn es nicht sein soll, zerschlage schnell den Gedanken in mir. Ich will nicht so viel Zeit und Kraft in etwas investieren, was Du gar nicht willst!" Schließlich hatte ich genug anderes zu tun: Ehe, Familie, Moms in Prayer Gruppenleitung sowie Kontaktperson hier in der Region, Frauenkreisleitung in der Gemeinde und eine Stunde Musiktherapie in der Woche mit einem behinderten Kind, sowie meine Seelsorgetermine. Über Langeweile konnte ich mich nicht beklagen!

Immer mal wieder kam mir der Gedanke an eine Veröffentlichung; Gott nahm ihn mir nicht weg. In dieser Zeit war mir das Ganze etwas suspekt, ich hoffte fast, Er würde mir diese Idee wieder nehmen. Dann aber merkte ich, dass es eigentlich keine schlechte Sache wäre. Das Thema für ein solches Buch passte zu mir: Ich liebe Musik, Bücher, schreibe schon jahrzehntelang vieles auf, auch um Dinge zu verarbeiten. Innere Heilung war immer wieder Thema in meinem Leben. Außerdem fasziniert es mich, wie Musik wirken kann.

Eine Woche später kam in mir die Frage auf: Wieso sollte ich ein Buch schreiben? Es reicht doch, wenn Gott mich heilt und verändert, ich die Musik genießen kann. Darüber muss ich doch nicht noch schreiben… Aber dann habe nur ich etwas davon, schoss es mir durch den Kopf! Andere Menschen könnten an diesem großen Segen, den ich erlebe, keinen Anteil nehmen. Aber wie viel Gutes kann so ein Zeugnis anderen bringen! So sagte ich Gott, dass ich dazu bereit bin, falls Er es möchte! Heute weiß ich nicht, wie ernst es mir damit zum damaligen Zeitpunkt wirklich war! Ich war prinzipiell offen, hatte aber noch viele Anfragen. Und – wollte ich wirklich so etwas Persönliches öffentlich machen, dann auch noch unter meinem recht seltenen Namen? Jetzt wünschte ich mir das erste Mal, lieber „Müller" oder „Schulz" zu heißen, um anonymer bleiben zu können! Die Idee fand ich einerseits verrückt, andererseits auch gut. Um das umzusetzen, würde es viel Mut brauchen!

Am 4.5. 2014 fing ich mit dem Schreiben an. Vor anderen sprach ich stets davon, ein Glaubenszeugnis zu schreiben für mich zur Erinnerung und um es Freunden mal auszuleihen. Ich teilte das einigen bewusst so mit, da ich mir wünschte, dass das Ganze von Anfang an unter Gebet entstehen sollte! Inoffiziell hatte ich aber schon da im Kopf, dass es ja ganz eventuell auf eine Veröffentlichung herauslaufen könnte. Und mir war auch klar, dass dieses Zeugnis wahrscheinlich auch Danny Plett lesen würde. Ich blieb über all dem mit Gott im Gespräch, aber bewusst mit keinem Menschen! Über Dinge, die dermaßen vage sind, wollte ich mit keinem reden. Da brauchte ich erst viel mehr Klarheit von Gott! Ich hatte nichts zu verlieren: Wenn es nicht veröffentlicht wird, hätte ich eine Erinnerung an eine sehr intensive Zeit mit Gott. Das alleine war es Wert, festgehalten zu werden! In den nächsten Tagen fiel mir das von Ariane gemalte Bild mit den zwei Herzen in den Blick – ein schönes Motiv für die Umschlaggestaltung?! Sie schenkte es mir vor zwei Jahren zum Muttertag. Mir kamen konkretere Ideen zu den einzelnen Kapiteln. Ich machte mir Notizen für ein Schlusskapitel. Wieder wurde ich sehr dankbar für den Besuch des Konzertes und die erhaltenen Mails von Danny Plett. Ohne dem hätte ich niemals den Mut gehabt, ihm mein Glaubenszeugnis zuzuschicken, geschweige denn mit seiner Musik ein Buch zu veröffentlichen! Aber Gott kennt mich ja…!

Als dann Mitte Mai die Zeit der Erschöpfung und Anfechtung kam, fiel auch das Thema „Veröffentlichung" dem zum Opfer. Ich dachte darüber auch nicht

mehr nach! Mir wurde klar, dass das Aufschreiben Satan ein „Dorn im Auge"
sein würde. Je mehr Menschen ein solches Zeugnis lesen würden und es ihnen
Segen bringen würde, umso mehr! Aber Gott ist und bleibt der Stärkere, der
Sieger! Auch diese schwierige Zeit verging. Und der Gedanke an eine Veröffentlichung kam wieder, Gott hatte ihn mir nicht genommen! Nun wurde mir z. B.
bewusst, dass es seit Januar in meiner Moms in Prayer Gruppe eine Frau gibt,
die Graphikdesignerin ist und bereits Bücher und Zeitschriften gestaltet hat...
An dem Konfirmationswochenende kam mir der Gedanke an eine Veröffentlichung wieder sehr stark. Ich betete, dass Gott mir diese Idee wegnehmen möge,
wenn es nicht der richtige Weg ist.

Ich schrieb mein Glaubenszeugnis weiter.

Am 27.5. ergab sich ein eigenartiges Gespräch mit meinen Kindern beim
Kaffeetrinken am Nachmittag. Sie hatten natürlich auch mitbekommen, dass
ich morgens immer wieder im Dachgeschoss sitze und ein Zeugnis schreibe;
die Inhalte kannten sie nicht. Allerdings wussten sie, dass das Ganze auch mit
Musik von Danny Plett zu tun hatte. Wir kamen auf das Thema „Berufstätigkeit
von Müttern" zu sprechen. Ich fragte die beiden, ob sie sich wünschen würden
sagen zu können, dass ihre Mutter auch berufstätig sei. Salina sagte: „Nein, aber
ich möchte mal sagen können, dass meine Mutti ein Buch geschrieben hat.
Du solltest vielleicht Danny eine Mail schreiben und ihm die Texte, die du am
Computer schreibst, schicken. Ich möchte, dass du das als Buch veröffentlichst.
Wenn andere das dann lesen, finden sie dadurch ja vielleicht Gott, auch durch
die Liedtexte. Und die Menschen, die im Herzen krank sind, werden dadurch
vielleicht wieder gesund." Ich war so betroffen durch ihre Worte, dass ich mir
einen Zettel und Stift holte und mir das eben Gesagte sofort aufschrieb. Ich
wusste gar nicht, was ich dazu sagen sollte und schmunzelte nur. Ariane fand die
Idee auch toll, bemerkte aber, dass ich erst ihrem Lieblingssänger – in den Freun-
desbüchern gaben beide in letzter Zeit stets Danny Plett an – eine Mail schreiben
musste, da es ja schließlich seine Lieder seien. Ich sagte nicht viel dazu. Aber an
diesem Tag fragte ich mich ernsthaft, ob das nicht letztlich eine prophetische
Äußerung von Salina war. Auch sie leben eng mit Gott; ich freue mich darüber.

Am 28.5., also nur einen Tag später, hörte ich am Morgen eine Predigt im Fernsehen. Es war Joyce Meyer. Eigentlich sah ich mir diese Sendungen recht häufig

an. Allerdings hatte ich mir vor einiger Zeit vorgenommen, das zugunsten des Schreibens vorübergehend nicht mehr zu tun. Gerade an diesem Tag hatte ich mich ganz spontan dazu entschlossen, den Fernseher doch einzuschalten. Thema war heute: „Dein Lebenstraum". Die Predigerin machte Mut, mit etwas im geistlichen Bereich schwanger zu gehen, Träume zu haben und zu leben. Man solle sich von nichts entmutigen oder einschüchtern lassen. Das „Kind" solle man austragen bis zur Geburt. Manchmal käme einem die Zeit bis dahin sehr lang vor. Man möchte dann vielleicht eingreifen, so Joyce Meyer. Aber das sei falsch. Vielleicht verlöre man unterwegs auch Freunde, aber man solle sich nicht entmutigen lassen. Gott solle man machen lassen, in Seinem Tempo! Das Schwerste sei die Geburt. Es gelte bis zum Ende durchzuhalten. Es sei nicht leicht, einen Traum wahrwerden zu lassen, den Gott uns geschenkt habe. Aber es sei die Mühe wert! Nicht aufzugeben sei die Devise.

Ich hörte aufmerksam zu. Eigentlich gehörte es noch nie zu meinen Lebensträumen, ein Buch zu veröffentlichen! Aber konnte es sein, dass Gott mir einen solchen Traum ins Herz gelegt hatte? Ich musste zugeben, dass ich das nicht (mehr) ausschließen konnte! Ich haderte noch mit dem Ganzen und dachte: Bücherschreiben, das machen immer nur die anderen, ich doch nicht! Am Abend las ich mir alles durch: Ich hatte bereits insgesamt 21 Seiten im DIN-A4-Format geschrieben. Mich packte die Entmutigung. Ich fragte mich, ob das, was ich da in den Computer eingegeben hatte, tatsächlich zum Segen für andere werden könnte. Ist es wirklich etwas, dass Gott mir ins Herz gelegt hatte oder doch nur ein etwas verrückter Gedanke von mir? Ich war total verunsichert. Aber für mich stand fest: Wie auch immer sich alles entwickeln würde, ich schreibe weiter!

Am 30.5. sah ich im Internet, dass Danny Plett nächstes Jahr im Mai nach Deutschland kommen würde. Vielleicht könnte man dann noch einiges regeln, falls es doch zu einer Veröffentlichung kommen sollte, so mein Gedanke. Außerdem kam mir der Einfall, ihm eine Dankesmail zu schreiben. Darin sollte auch vorkommen, dass ich das, was ich mit Gott und seiner Musik erlebt hatte, aufschreiben würde. Vielleicht würde ihn Gott dadurch auch auf die Spur „Veröffentlichung" setzen?! Das Wichtigste allerdings war mir, mich endlich mal sehr herzlich bei ihm für seine wunderbaren Lieder zu bedanken.

Am 31.5. war dann Rainers Sturz. Ich hatte den Eindruck, wieder unter Anfechtungen zu stehen. Einige Tage war ich nun mit ganz anderen Dingen beschäftigt. Aber der Gedanke an eine Veröffentlichung ließ mich nicht wirklich los. Allerdings wurde ich durch die Tatsache etwas verunsichert, dass Danny Plett nicht auf meine Mail reagierte. Natürlich konnte ich nicht erwarten, dass er alle Mails beantwortet, das war mir klar. Aber ohne ihn konnte es zu keiner Veröffentlichung kommen, das war mir ebenso deutlich. Wenn nicht, wäre es auch O.K. so für mich. Ich beschloss wieder, dies Thema loszulassen und weiter zu schreiben.

In der Nacht zum 7.6. konnte ich nicht gut schlafen. Ich hatte mehr oder weniger den Eindruck, dass Gott mich fragt, ob ich zu einer Veröffentlichung bereit sei. Ich stimmte dem kurz zu. Aber wenn ich gar nichts von Danny Plett hören würde, hätte ich dann den Mut, ihm das Glaubenszeugnis zuzuschicken? Nun hatte ich 32 Seiten, also ca. 60–70 DIN – A5 Seiten. Ich war fasziniert: Hier entstand eine Geschichte der Heilung und Veränderung durch Gottes Geist und Musik, die ich erlebt hatte – unglaublich! Ich wollte mir das Ganze auf jeden Fall als ein schönes Buch gestalten, egal, ob es in einem Verlag erscheinen würde oder nicht.

Gott nahm mir den Gedanken nicht weg. Im Gegenteil, vieles wurde konkreter. So fiel mir z.B. ein, dass ich eine Moms in Prayer Frau kenne, die Lektorin ist.

In der Predigt am Pfingstsonntag (8.6.) ging es um die Gegenwart des Heiligen Geistes in unserem Leben. Der Prediger erzählte von einer Begebenheit im Alten Testament: Die Bundeslade – sie symbolisierte die Gegenwart Gottes – sollte nach Jerusalem transportiert werden. Sie beinhaltete die 10 Gebote. Sie sollte vorübergehend bei einem Mann, Obed-Edom (2. Samuel 6,1–15) untergestellt werden. Damals waren die Häuser recht klein, bestanden nur aus einem Raum. Die Lade hatte also sehr viel Raum eingenommen. In der Bibel stand an dieser Stelle ausdrücklich, dass die ganze Familie viel Segen erlebt hatte aufgrund des Beherbergens der Bundeslade. Vielleicht – so der Prediger – gäbe es ja auch in unserem Leben etwas, was uns zu groß erscheint, zu sperrig, aber noch viel Segen bringen wird. Die Predigt sprach mich an und ich fragte Gott, was Er mir damit zeigen wolle. In der Mittagszeit dachte ich: Die Idee mit der Veröffentlichung erscheint mir eigentlich (mindestens) eine Nummer zu groß für mein Lebenshaus! Aber konnte ich diese Erzählung aus der Bibel überhaupt auf meine Situation übertragen? Mir kamen viele Fragen und Zweifel. Nahm ich nicht meine Geschichte der Heilung zu wichtig? Könnte sie wirklich anderen Hilfe und Ermutigung sein? Machte ich mich nicht angreifbar? Das alles würde sehr viel Arbeit bedeuten. Und dann wieder der Eindruck: Fragt mich Gott, ob ich dazu bereit wäre, diesen Weg zu gehen?

In dieser Nacht wurde ich wach. Ich lag längere Zeit da, konnte nicht wieder einschlafen. Ich hatte sehr stark den Eindruck, dass Gott mich fragt, ob ich zu einer Veröffentlichung bereit sei. In mir waren viele Zweifel, Ängste, Fragen, Unsicherheiten. Ich freute mich, dass Gott mich nach meiner Bereitschaft fragte. Irgendwann schlief ich wieder ein. Am nächsten Morgen, Pfingstmontag, wurde ich wach. Ich hatte den Eindruck, Gott eine Antwort geben zu müssen. Ich stammelte: „Ja, Gott, ich habe Angst…, ich mache es nur mit Dir, ohne Dich gehe ich keinen Schritt…, O.K., aber du musst mir helfen, da sein,…ja, wenn Du es so willst! Ja, Herr! Amen." Nun war auch Pfingsten für mich etwas Besonderes geschehen. Das Fest, bei dem es um den Heiligen Geist geht, darum, dass Christen in die Welt gingen, um anderen von Jesus zu erzählen. Durch dieses Buch würde ich auch auf Jesus aufmerksam machen; schön!

Wenige Tage später meinte Salina zu mir: „Mutti, ich würde gerne mal Danny Plett persönlich kennenlernen!" Ich schmunzelte und hielt das nun gar nicht mehr für so unwahrscheinlich… Ich erzählte ihr, dass er im nächsten Jahr nach Deutschland käme.

Ich bat Gott, dass Er alle Türen öffnen möge, falls Er tatsächlich eine Veröffentlichung möchte. Von Danny Plett hörte ich weiterhin nichts. Das irritierte mich etwas. Ich fing an, auch für ihn und seine Familie um geistlichen Schutz zu beten. Wenn ich für mich und Familie das tat, konnte ich ihn ja direkt mit einschließen. Wenn Gott das wirklich vorhat, wovon ich immer stärker ausging, brauchte er genauso den Schutz Jesu!

Ich fing an, die bisher geschriebenen 40 DIN-A4-Seiten, zu korrigieren.

Wir gingen in dieser Zeit in ein Adonia-Konzert (christlicher Kinder- und Teenyprojektchor). Es ging um das Leben von Johannes den Täufer. Ein Lied darin sprach mich sehr an: „Hier bin ich, gebrauche mich". Wir kauften uns die CD davon.

Am 12.6.2014 standen folgende Bibelverse in den Herrnhuter Losungen: „Ich will die Finsternis vor ihnen her zum Licht machen und das Höckerige zur Ebene" (Jesaja 42,16). „Siehe, ich habe vor dir eine Tür aufgetan und niemand kann sie zuschließen" (Offenbarung 3,8).

In der nächsten Zeit gingen mir diese Verse nicht mehr aus dem Kopf. Auch, wenn ja noch gar nichts wirklich offensichtlich ist, alles noch im Finstern liegt, wird es hell werden, die Dinge klar werden. Gott hatte die Tür zur Veröffentlichung geöffnet und niemand würde sie schließen können; so verstand ich den Vers. Einerseits freute mich das, andererseits bekam ich es ein wenig mit der Angst zu tun. Alles klang für mich sehr abenteuerlich und für einen Menschen wie mich, der sehr viel Sicherheiten braucht, doch eigentlich gleich mehrere Nummern zu groß! Aber es entwickelte sich auch ein richtiges Gespanntsein auf das, was kommen würde. So freute ich mich schon darauf, Danny Plett mal näher kennenlernen zu können, auch, wenn im Moment danach ja noch gar nichts aussah. Ich bat Gott, dass es eine gute, segensreiche Zusammenarbeit mit ihm geben möge. Immer mehr wurde es in mir zur Gewissheit, dass es wohl mal ein Buch geben würde mit dem Titel: „Du siehst die Wunden und heilst mein Herz – ein musiktherapeutisches Tagebuch."

Am 17.6. war ich entmutigt: Immer noch keine Mail. Hatte ich mich doch verhört? Ohne Danny Plett konnte ich nichts tun. Hatte ihn die Mail überhaupt erreicht? Genau genommen wusste ich nicht mal, ob die Mail-Adresse überhaupt noch aktuell ist! Ich floh ins Gebet und stellte danach den ERF an. Ich hörte gerade eine deutsche Fassung von „I Find My Rest In God Alone", die von einer Frau gesungen wurde. Mir kamen Tränen. Jesus hatte mich ermutigt und getröstet durch Musik, die von Danny Plett ist. Mir war es so, als wollte Gott mir sagen: "Jutta, ich habe alles im Griff; alles liegt in meiner Hand!"

Einen Tag später entdeckte ich, dass auf meinem Geburtstagskalender in der Küche der Monatsvers vom Juni lautete: Siehe, ich habe vor die eine Tür aufgetan und niemand kann sie zuschließen (Offenbarung 3,8).

Am Mittwoch, 18.6.2014, ging ich zum Frisör. Mir ging es nicht gut; ich fühlte mich erschöpft, müde, überfordert. Ich fragte mich, ob ich wirklich in der letzten Zeit zu viel aktiv war, zu viel geschrieben hatte. Es war viel, aber rechtfertigt das eine so starke Erschöpfung? Ich wurde stutzig. War ich wieder mal angefochten? Zu Hause angekommen legte ich mich ins Bett, betete. Ich stellte fest, dass meine Nebenhöhlen weh taten; scheinbar hatte ich einen beginnenden Infekt. Mir wurde bewusst, dass ich über das Thema „Veröffentlichung" noch immer mit keinem Menschen gesprochen hatte. Vielleicht sollte ich mir drei Frauen aussuchen, denen ich mich da anvertrauen könnte und die beten. Ich brauchte vor allem auch dringend geistlichen Schutz. So entschied ich mich für meine Freundin aus meiner Gemeinde, die auf dem Konzert war und für eine liebe MiP-Frau, die Danny Plett-Musik auch sehr mag sowie für meine Freundin, die im Mai zu Besuch war. Ich wusste, sie würden mich auch noch mögen, selbst wenn sich herausstellen sollte, dass diese Idee doch „nur" von mir, nicht von Gott kam. Nach dem intensiven Gebet ging es mir am Nachmittag wieder viel besser. Und so zog ich es kurz in Frage, ob ich mich bei diesen drei Frauen wirklich melden sollte. Doch, ich hielt es für richtig! Ich brauchte dringend Menschen, die beten! In den nächsten Tagen ruhte ich mich aus, schrieb nicht weiter, trotzdem geschah viel: Mit zwei dieser Frauen telefonierte ich. Beide reagierten sehr positiv, hielten den Gedanken gar nicht für verrückt, ermutigten mich, da am Ball zu bleiben. Wenige Tage vorher hatte ich Gott gebeten, dass Er mir nochmals eine Bestätigung geben möge, wenn das alles Seine Idee sei. Irgendwie waren diese Gespräche für mich so eine Bestätigung. Eine der Frauen bemerkte, ich solle Danny Plett die Mail nochmals schicken, sie sei ja vielleicht gar nicht angekommen! Auch meine Freundin, die im Frühjahr zu Besuch war, ermutigte mich, das Ganze weiter zu verfolgen.

Ich machte mir in diesen Tagen Gedanken über ein Cover für das Buch.

Am Samstag, 21.6., startete ich dann diese Mail an Danny Plett nochmals. Ich schrieb ihm, dass mir der Dank an ihn ein Herzensanliegen sei und bat ihn, mir ganz kurz zu bestätigen, wenn er die Mail bekommen hätte.

Am Nachmittag hatte ich dann das Telefongespräch mit meiner Freundin, die mit mir auf dem Konzert war. Nach all dem, was ich mit Gott erlebt hatte in

letzter Zeit stand es für sie fest, dass das mein Weg sein würde: Eine Veröffentlichung. Es würde doch alles zusammenpassen, Gott habe doch schon Türen
geöffnet, meinte sie. „Egal, was daraus wird: Es ist Gottes Projekt, Er hat alles in
Seiner Hand." Das machte mir Mut. Ich sagte ihr, dass alles für mich so real sei,
obwohl ja noch so vieles offen sei. Ich war sehr aufgeregt bei diesem Gespräch;
alles erschien so spannend, abenteuerlich! Eigentlich ist das ja nichts für mich.
Ich brauchte noch viel Mut, Gottes Hilfe und Nähe!

Am Sonntag fuhren wir zum Gottesdienst. Wir hörten die CD „Johannes der
Täufer" vom Adoniachor und daraus das Lied „Hier bin ich"[16]; das Musical ist
von Markus Heusser. Mich berührte der Text sehr; ich sang ihn von Herzen, aber
mit zittrigen Knien, mit:

> *Hier bin ich, gebrauche mich. Ich will dir gehören.*
> *Was du sagst, das wird geschehen, ich vertraue dir.*
>
> *Ich habe noch so viele Fragen, manches kann ich nicht verstehen,*
> *doch ich will es mit dir wagen, will mit dir durchs Leben gehen.*
>
> *Ein wenig muss ich mich doch wundern: Du wählst ausgerechnet*
> *mich! Bin dir nicht zu wenig, sondern wirklich gut genug für dich.*
>
> *Wirst du mir helfen, wenn ich verzweifle, wenn ich*
> *dann doch den Mut verlier? Wirst du mich hören, wenn*
> *ich dich rufe, lässt du mich wirklich nie allein?*

Mir wurde dann auch klar: Wenn das Gottes Idee ist, gilt es, gehorsam zu sein!
Und das wollte ich, Ihm, meinem Herrn und Heiland, gehorsam sein!

In der täglichen Stillen Zeit ging es um den 24.6.2014 herum um die Gideonge-
schichte im Alten Testament im Buch „Richter". Dort gibt es eine Begebenheit,
in der Gideon um ein ganz klares Zeichen bittet. Mir wurde bei dieser Erzählung bewusst: Gott hatte durch viele kleine Hinweise eigentlich eindeutig zu mir
gesprochen; um ein weiteres Zeichen darf ich Ihn nun nicht mehr bitten!

---

16 Text: Markus Heusser aus dem Musical „Johannes der Täufer"; Rechte: Adonia-Verlag Deutschland, Karlsruhe

Danny Plett meldete sich nicht, ich schrieb weiter am Computer.

Am 27.6.2014 wurde mir bewusst, dass ich das Ganze auch Rainer sagen möchte. Ich war bisher damit noch vorsichtig, weil ich auch nicht wollte, dass die Kinder etwas davon mitbekommen. Und so erzählte ich ihm, wieso ich den Eindruck hatte, dass Gott eine Veröffentlichung anstrebt. Rainer hörte sich das alles an und hatte zum Teil Anfragen, ob das alles so klappen könnte, wie ich es mir vorstellte.

Anschließend hatte ich Seelsorge. Meine Seelsorgerin fragte mich, was mir Angst machen würde. Ich überlegte kurz: Die Reaktion von anderen würde mir Sorge machen, so meine spontane Antwort. Was wäre, wenn meine Eltern es lesen würden? Ich wüsste nicht, wie sie reagieren würden. Auch die Frage, was fremde Leute dazu sagen könnten, beeinflusste und verunsicherte mich. „Wer bietet dir Schutz", fragte sie mich. Mir fiel ganz spontan das Lied ein. „In deinen Armen berg ich mich"; bei Gott würde ich Schutz suchen.

Ich gab zu bedenken, dass ich lieber im Hintergrund bleiben möchte. Sie verneinte und meinte, dass sie mich anders erleben würde: Bei Moms in Prayer hätte ich schließlich Leitungsfunktion, auch eine Frauenkreisleitung. Das, was den Unterschied dazu ausmacht, so meine Seelsorgerin, ist, dass es mir bei diesen Dingen um die Sache geht, aber bei diesem Zeugnis ginge es um mich ganz persönlich! Ich konnte dem nur zustimmen! Sie meinte, dass von Gott her ihrer Meinung nach die Entscheidung schon längst gefallen sei. Es ginge nun darum, ihre Ängste noch abzubauen. Die Freude an der Sache sollte überwiegen, das freie innere Kind in ihr überwiegen. „Ich denke, wenn dir klar ist, was du willst, dann wird Gott die Türen öffnen. Vielleicht ist das Buch eigentlich schon längst geschrieben. Indem du diese deine Geschichte aufschreibst, machst du einen Punkt, bringst du das Gewesene zum Abschluss. Angst unterdrückt das freie Kind in dir, gehört zu deinen alten Lebensmustern, raubt dir deine Begeisterungsfähigkeit. Du stehst im Moment am Ende eines langen Tunnels, trittst in die Sonne; da ist vieles noch neu für dich."

Nach der Seelsorge war ich aufgewühlt. Ich weinte, nicht aus Schmerz oder Traurigkeit, sondern weil es mich so berührte, wie Gott an mir wirkt; wie wichtig ich Ihm sein muss! Das freie Kind in mir komme nach und nach heraus, so meine Seelsorgerin, das verschüttete freie Kind schafft sich Raum. Angst gehört noch zum Alten; Mut, Begeisterung und auch eine Veröffentlichung zum freien Kind in mir.

Ich dachte nochmals nach, was mir Angst machen könnte: Angst vor Ablehnung. Aber gute Freunde würden mich doch nicht ablehnen, selbst wenn sie ihre Anfragen vielleicht haben würden! Und die Kinder wären sogar stolz auf eine Mutti, die ein Buch geschrieben hat. Mir kam die Überlegung, dass meine Eltern, wenn sie es lesen, damit Probleme haben, dass ich meine Geschichte öffentlich gemacht habe, sie vielleicht wütend werden, den Kontakt abbrechen zu mir. Aber das alles waren nur Ideen von mir, Befürchtungen von mir, die ja vielleicht nie eintreffen! Vielleicht sind sie so berührt, dass wir dadurch ganz neu ins Gespräch kommen, auch da Neues entsteht! Und wenn es wirklich zum Bruch kommen sollte, wüsste ich, wo mein Zufluchtsort ist... Mir wurde bewusst, dass der Blick auf meine Eltern und die Befürchtungen, was kommen könnte, mich nicht blockieren sollten, nicht abhalten dürfen, von dem, was ich glaubte, dass es Gottes Willen ist! Und mir wurde auch klar: Es geht auch um Gehorsam! Wenn Gott mir deutlich einen Weg aufzeigt, dann gilt es, den im Gehorsam und Vertrauen zu gehen! Und dazu war ich bereit! Und ich dachte an die Geschichte mit der Bundeslade: Wie viel Segen brachte es der Familie, die sie beherbergte!

Auf diesen Segen war ich gespannt! Und ich spürte langsam eine andere Angst: Ich könnte etwas Schönes, Wertvolles verpassen, wenn ich diesen Weg nicht einschlagen würde. Etwas Neues kam in mir hoch: Eine starke Neugier, was geschehen würde, freudiges Gespanntsein, wie Gott alles einfädeln würde, wie sich die Türen öffnen würden. Das alles sind kindliche Äußerungen; das kannte ich bei mir bisher kaum; stets war mir die Angst viel näher. Ich merkte, dass Gott Neues, Kindliches in mir wachsen ließ – ein befreiendes Gefühl! Ja, Gott hatte mich so stark verändert, so etwas darf man gar nicht für sich behalten! Es kann anderen so viel Segen bringen!

Im Korintherbrief 5,17 steht: „Ist jemand in Christus, so ist er eine neue Kreatur; das Alte ist vergangen, siehe, Neues ist geworden." Mir wurde bewusst: „Wenn wir uns entscheiden, unseren Weg mit Jesus zu gehen, sind wir dadurch von der Finsternis zum Licht getreten, sind wir Kinder Gottes und geistlich gesehen, neue Menschen geworden, eine neue Kreatur. Das geschieht im Moment der

Hinwendung zu Gott, der unser aller Schöpfer ist. Aber letztlich wachsen wir nach und nach in einen neuen, von Gott geprägten und veränderten Menschen hinein. Das geschieht Schritt für Schritt. Es ist gut so, alles andere würde uns ja auch überfordern, auch unsere Umgebung. Gott hat in den nun fast 25 Jahren meines Christseins mich nach und nach wirklich in einen neuen Menschen verwandelt. Seitdem ich mit Ihm lebe, ist ganz viel Veränderung und Heilung passiert. Ich habe mich an ganz vielen Punkten sehr, wie ich und andere meinen, zum Vorteil, verändert. Und Gott hat immer wieder innere Heilung geschenkt. Gott macht unser Leben neu; dafür bin ich unendlich dankbar! Ja, Gott ist groß und tut Großes!"

Wenn ich an diese Wiesenszene dachte, sah ich mich in dieser Zeit als das kleine Kind in weißem Kleid, dass auf dem Beginn eines Weges mit vielen Windungen und Kurven steht. Man kann nicht sehen, wie der Weg hinter der Abbiegung weiter verläuft. Am Wegesrand sind Sträucher, Bäume, alles ähnelt eher einem Dschungel, wirkt abenteuerlich. Aber ich sah mich auf dem Weg stehend, Jesus neben mir und hielt meine Hand – wie ermutigend! So kann ich gehen, ganz in der Nähe meines guten Hirten mich auf das „Abenteuer Veröffentlichung" einlassen! Bei der Stiftung Marburger Medien gibt es ein Lesezeichen mit einem Spruch, der mich sehr ansprach:

Ich sagte zu dem Engel, der an der Schwelle des neuen Jahres stand: „Gib mir ein Licht, damit ich sicheren Fußes der Ungewissheit entgegengehen kann!" Aber er antwortete: „Geh nur hin in die Dunkelheit und lege deine Hand in die Hand Gottes. Das ist besser als ein Licht und sicherer als ein bekannter Weg."

Ich merkte, wie die Angst kleiner wurde und die Freude wuchs auf das, was Gott vorhat, sie schließlich die Überhand nahm. Ja, ich war bereit für dieses Abenteuer! Am 29.6. fragte ich mich, ob die Mail-Adresse, die ich von Danny Plett habe, vielleicht nur während einer Tournee geschaltet sein könnte und überlegte, ob ich ihm nicht eine Mail in seine Gemeinde in Kanada schicken sollte, um zu fragen, ob er die vorher geschickten überhaupt bekommen hat. Ich ging davon aus, dass er so eigentlich zu erreichen sein musste, es sei denn, er machte gerade Urlaub. Mir „brannte es richtig unter den Nägeln", dass ihn mein Dank erreicht. Mir war das ganz wichtig, ein wirkliches Herzensanliegen! So schrieb ich ihm ein drittes Mal und fragte, ob er Post von mir bekommen habe. Diese schickte ich am 30.6. los.

Am 2.7. kam dann der „große Tag": Eine Mail von Danny Plett. Er hatte die früheren Mails zwar bekommen, hatte aber sehr viel zu tun in letzter Zeit. Er entschuldigte sich sehr nett, weil er sich jetzt erst meldete. Beim Lesen standen mir Tränen in den Augen. Mich berührten seine warmen Worte sehr, mit denen er sich für diese große Ermutigung für ihn bedankte. Die Mail sprach mich sehr an und machte mir dadurch viel Mut, den Weg weiterzugehen. Ich freute mich auf eine Zusammenarbeit mit ihm. Zwei Tage später schrieb ich ihm kurz zurück, bedankte mich für seine Antwort und informierte ihn kurz darüber, dass ich ca. 90 DIN-A5 Seiten geschrieben hätte, was ich mit Gott und seiner Musik erlebt habe. Ich hoffte nun ein wenig, er würde Interesse an dem von mir Geschriebenen bekunden.

Ich betete viel, z. B. für eine gute Zusammenarbeit mit ihm, dass der Computer mich nicht zu sehr ärgert (immer wieder gab es damit Probleme), dass Gott alles weitere lenkt und führt, bat für Danny Plett und mich und unsere Familien um geistlichen Schutz, etc. . Irgendwie freute ich mich auf die ganze Sache und schrieb weiter. Ich kam gut voran und dachte, ich könnte ihm das nun bisher Geschriebene eigentlich zukommen lassen, dann könne ihn Gott schon mal „auf die Spur" bringen und ihm zeigen, was Er vorhat. Ich hatte Angst, dass Angriffe kommen könnten, wollte aber Gott gehorsam sein.

Am 10.7. kam dann der Anruf von Schwiegermutter, dass ihr Mann gestorben sei. Trotz allem schickte ich den Text am 12.7. zu Danny Plett. Ich war froh, dass ich dazu überhaupt in der Lage war und dass er das nun lesen konnte. Ich wollte das ganze nun innerlich loslassen; ich hatte nun anderes zu tun, dass meine Kraft brauchte. Im Gebet brachte ich alles immer wieder vor Gott.

Um sicher zu gehen, dass ihn die Mail auch wirklich erreichte, schickte ich ihm am Sonntag eine kurze Mitteilung in seine Gemeinde, dass ich ihm den Text geschickt habe. Am Montag kam von ihm eine kurze Nachricht, dass ihn der Text erreicht habe und er ihn nun lesen würde. Ich antwortete darauf nur mit dem Hinweis, dass er sich für das Lesen Zeit nehmen könne. Damit wollte ich signalisieren, dass ich nicht auf eine schnelle Antwort warten würde. Mir war nur eines wirklich wichtig, nämlich dass er das von mir Geschriebene nun lesen konnte.

Nachts schlief ich schlecht. In mir war ein Gefühlschaos: einerseits die Trauer, andererseits das Gespanntsein, wie alles weitergehen würde, was das Thema „Veröffentlichung" anging. Ich hoffte, dass Gott ihm das nun auch zeigen würde, was Er mit diesem Text noch vorhat.

Am 17.7. wollte ich mit dem Schreiben eines Schlusskapitels beginnen. Da kam mit einem Mal ein Anruf, dass mein Schwager, Rainers Bruder, mit dem Notarzt ins Krankenhaus gebracht worden ist. Ich stand danach richtig unter Schock, konnte kein Wort mehr schreiben. Ich rief eine Freundin an; wir beteten zusammen. Irgendwie war mir klar: Satan wollte ein Weiterschreiben verhindern. Gott sei Dank kam nach ein paar Stunden die Entwarnung bezüglich des Schwagers. Aber wieder mal wurde ich am Schreiben gehindert. Ich hatte mir die von mir neu entdeckte CD „Zukunft und Hoffnung" bestellt. Ausgerechnet heute kam sie an. Ich freute mich sehr über das Lied „Meine Hilfe"; es tat mir gerade jetzt so gut; sie kam quasi wie gerufen. Mir wurde klar: Ich musste dringend den Beterkreis ausweiten! Dieses Projekt brauchte Gebet! Seit ca. Ende Juni wussten es eine Handvoll Frauen sowie Rainer, nun wollte ich das per Mail den Frauen meiner Moms in Prayer Gruppe mitteilen. Das tat ich noch am selben Vormittag.

Ich dachte an das Bild von der Wiese, dem so verschlungenen Weg der Veröffentlichung mit Gefahren und Anfechtungen. Ich merkte, dass ich diesen Weg nur ganz eng mit Jesus gehen kann und muss!

Einen Tag später schrieb ich dann das Schlusskapitel und war sehr berührt von meinen Worten. Ich fragte mich, wer das eigentlich geschrieben hatte, ich oder Gott, der es mir quasi diktiert hatte?! Und ich hoffte sehr, dass es die Leser auch sehr ansprechen und ihnen zum Segen werden würde. Inzwischen wussten 11 Menschen von diesem Projekt.

Wir fuhren vom 21.–23.7. zur Trauerfeier in den Norden Deutschlands. Am Nachmittag nach der Trauerfeier fühlte ich mich elend: müde, schwach, traurig, sehr mutlos. Klar, es war eine schwere Zeit: die Trauer von uns vier, die Frage, wie wir uns um Schwiegermutter kümmern könnten. Zunächst wollten wir sie für 10

Tage mit zu uns nehmen. Und trotzdem hatte ich die ganze Zeit den Eindruck, dass da noch etwas anderes war: Ich hatte den Eindruck, Satan wollte mich fertig machen, total entmutigen, blockieren, mir alle Kraft nehmen. So hörte ich am Dienstagabend nach der Trauerfeier zwei Stunden die Musik von Danny Plett und proklamierte, immer wieder, dass Jesus der Sieger ist. Auch nachts machte ich still für mich Lobpreis, um überhaupt zur Ruhe zu kommen.

Am nächsten Tag fuhren wir wieder nach Hause. Mir ging es etwas besser, aber noch nicht wirklich gut. Mir kam eine Idee: Ich wollte eine Rundmail an alle in der Gemeinde schicken und von der Veröffentlichung erzählen, um ihr Durchtragen im Gebet zu bitten. Ich war dermaßen niedergeschlagen, dass ich merkte, dass ich das Ganze ohne Gebetsunterstützung aus der Gemeinde nicht schaffen würde. Eigentlich hatte ich vor, das Ganze erst in einem Zeugnis unserer Freikirche mitzuteilen, wenn Danny Plett zu einer Veröffentlichung sein o.k. gegeben hat. Aber die Not war in mir so groß, dass ich darauf nicht mehr warten wollte. Außerdem hatte ich einen tiefen inneren Frieden darüber, dass er damit einverstanden sein würde. Ich dachte an den Vers, den Gott mir gegeben hatte, dass keiner die Türe schließen könne, die Er geöffnet hatte. Und so war es letztlich für mich ein Vertrauenschritt Gott gegenüber, diesen Weg des Schreibens einer Rundmail einzuschlagen. So verstehe ich Gemeinde: Freud und Leid zu teilen und einander im Gebet durchzutragen. Und so wurden am 24.7. morgens ca. 90 Mails mit der Info verschickt, dass ich ein Buch veröffentlichen werde und der Bitte um Gebet.

Auch am nächsten Tag fühlte ich mich elend. Ich dachte wieder an das Kind an der Hand Jesu. Ich sah mich vor meinem inneren Auge, wie ich eng bei Jesus, meine Hand in Seiner liegend, zögernd und ängstlich den Weg gehe, durch ein dunkles Tal. Wie sehr brauchte ich den guten Hirten auf diesem Weg! Es war ein steiniger Weg, aber ich wusste auch, dass ich ihn gehen musste, wenn ich Gott gehorsam sein wollte. Dann musste ich mir die Unterstützung und den geistlichen Schutz holen, den ich brauchte!

Ohne die Gemeinde hinter mir zu haben, fühlte ich mich nicht in der Lage, diesen Weg weiterzugehen. Mir kam das Lied „In deinen Armen berg ich mich" in den Sinn, und ich stellte mir vor, dass ich in Jesu Arme fliehe und Er den

Kampf mit Satan aufnimmt. Ich wusste: Jesus wird siegen, immer! Und ich sang innerlich „Mein Herz jubelt, weil du der Sieger bist!"

Am Samstagnachmittag fühlte ich mich wohler. Am Sonntag, 27.7., wurde in der Predigt nochmals Bezug auf die Pfingstpredigt genommen, die mich damals so angesprochen hatte. Und da wusste ich es: Am nächsten Sonntag sollte ich Zeugnis geben, wie Gott mich auf die Spur „Veröffentlichung" gebracht hatte. Das musste man einfach erzählen, obwohl ich es gar nicht mag, vor der kompletten Gottesdienstgemeinde zu reden! Aber mir war klar, dass das nun dran war, selbst, wenn ich vielleicht bis dahin noch kein o.k. von Danny Plett bekommen haben sollte. Er sollte sich ruhig die Zeit nehmen, die er braucht…

Ich fühlte mich wieder so schwach, kraft- und mutlos. Mir kam wieder das Bild des kleinen, freien Kindes, das Angst hat, diesen Weg weiterzugehen. Ich dachte an das Lied „In deinen Armen berg ich mich". Dann kam mir plötzlich die Vorstellung, dass Jesus mich auf den Arm nimmt und mich trägt. Mir standen die Tränen in den Augen, weil mir diese Vorstellung so gut tat!

Mir ging es so elend, dass ich schon Angst hatte, nicht die Kraft zu haben, am Sonntag Zeugnis zu geben. In einer kurzen Mail teilte ich der Gemeinde meine Absicht mit, im Gottesdienst etwas erzählen zu wollen, was ich mit Gott erlebt hatte. Ich wies darauf hin, dass man sich auf eine Liste setzten kann, wenn man das Projekt „Veröffentlichung" im Gebet begleiten möchte und per Mail immer mal wieder Infos von mir bekommen möchte. Ich wusste: Ohne viel Gebet und geistlichen Schutz durch meine Geschwister in Jesus würde es sonst vielleicht kein Buch geben. Ich hatte in meinem Leben bisher noch nie einen so umfangreichen Gebetsaufruf gestartet! Aber ich hielt das für nötig und richtig. Ich dachte, dass ich das auch noch nie so sehr gebraucht habe, wie jetzt! Wie viel Segen kann ein solches Buch bringen, wie viel Segen die Musik, wenn sie gehört wird…! Klar, dass da der Gegenwind scharf bläst! Aber Jesus ist Sieger, auf Ihn wollte ich sehen im Sturm des Lebens, nicht auf die Wellen unter mir, wenn ich übers Wasser gehen muss so wie Petrus damals (Matthäus 14,22–33).

Zwei Tage vor dem Zeugnis brachte der ERF, der in den Morgensendungen bis 9 Uhr Danny Plett leider fast gar nicht bringt, wieder das Lied „Meine Hilfe kommt vom Herrn"; es sprach mich wieder sehr an. Am Abend dachte ich darüber nach, wie ich mir die Gestaltung des Buches vorstellen könnte. Außerdem erzählte ich nun auch den Kindern von einer beabsichtigten Veröffentlichung. Sie hatten ja auch sowieso schon manches aufgeschnappt; sie freuten sich.

Am Sonntag, 3.8. 2014, war ich sehr aufgeregt, aber froh, dass das Gefühl von Schwäche und Mutlosigkeit nicht da war! Ich hörte mehrmals „Steh ich heute auf", mein Mutmachlied sowie meine Neuentdeckung „Meine Hilfe". Das tat mir gut, so konnte ich in den Tag starten. Und ich hörte noch ein wunderschönes anderes Lied: „Ein starker Heiland". Es beruht auf dem Bibelvers aus dem Propheten Zefanja 3,17: „Denn der HERR, dein Gott, ist bei dir, ein starker Heiland. Er wird sich über dich freuen und dir freundlich sein, er wird dir vergeben in seiner Liebe und wird über dich mit Jauchzen fröhlich sein."(CD: „Zukunft und Hoffnung")

Ich verstand es als ein Zuspruch an mich, dass Gott sich daran freut, dass ich Ihm zur Ehre in der Gemeinde Zeugnis geben würde, wie Er mich auf die Spur mit der Veröffentlichung eines Buches gebracht hatte.

Es klappte gut: Ich sprach 25 Minuten lang vor einer sehr aufmerksamen Gemeinde und sah in Gesichter, die von dem betroffen waren, was ich ihnen mitteilte. Eine Frau kam hinterher zu mir und meinte, dass es sehr mutig sei, diesen Weg zu gehen, eine weitere segnete mich. Danach packte mich wieder die Schwäche.

In der neuen Woche fragte ich mich, wie es weitergehen würde. Die Kinder hatten nun Ferien, ich wusste, dass ich noch weiterschreiben sollte. Ich nahm mir vor, Schritt für Schritt zu gehen, ganz nah bei Jesus und mich in allem von Ihm leiten zu lassen. Immer wieder fühlte ich mich schwach, floh in Jesu Arme und merkte, wie Er mir Kraft schenkte. Ich hielt mich daran fest, dass Er Sieger ist, dass ich in Seine Arme laufen kann, Er Zufluchtsort ist, starke Burg, wie es im Lied heißt „Mein Herz jubelt, weil du der Sieger bist". Eine liebe Frau von Moms in Prayer ermutigte mich mit dem Bibelvers aus dem 2. Buch Mose 14, 14: „Der HERR wird für euch streiten, und ihr werdet stille sein."

Nun wussten ja auch die Kinder davon und Salina fragte mich häufig, ob sich Danny Plett schon gemeldet hätte. Sie erwähnte ihn immer mal wieder in letzter

Zeit. Deshalb sagte ich zu ihr: „Danny Plett gehört ja schon fast zur Familie." Darauf meinte sie ganz unvermittelt: „Na klar, schließlich sind wir ja auch Geschwister (in Jesus)!" Vielleicht sollten sich die beiden mal irgendwann treffen und sich kennenlernen, wäre sicher für beide schön…

Ich wartete auch auf eine Antwort, aber mir war wichtig, dass er sich die Zeit nimmt, die er braucht. Das noch keine da war, beunruhigte oder entmutigte mich nicht! Ich hatte Frieden darüber, dass er einer Veröffentlichung zustimmen würde und hielt mich an dem Vers fest aus Offenbarung 3,8: „Siehe, ich habe vor dir eine Tür aufgetan, und niemand kann sie zuschließen."

Und wieder packte mich Entmutigung. Irgendwie hätte ich mir mehr Resonanz aus der Gemeinde gewünscht. Ich legte ein Blatt Papier aus, auf dem man sich eintragen konnte, wenn man für dieses Projekt beten möchte und auf dem Laufenden gehalten werden möchte. Es trug sich nur eine Person ein. Mich irritierte das. Allerdings wurde mir auch klar, dass sich sicher die, die dafür sowieso bereits beten, dort gar nicht mehr eintragen würden. Eine Frau meinte zu mir, dass es bei dieser Sache nicht auf die Anzahl der Beter ankäme, sondern nur darauf, dass es Gottes Projekt ist! Dass das der Fall ist, sah sie auch so! Am Klavier sang ich in dieser Zeit häufig „Mein Herz jubelt, weil du der Sieger bist". Und ich betete: Ja, Herr, ich warte auf Dich, ich vertraue darauf, dass keiner die Türe wieder schließen kann." Ich staunte weiter darüber, wie sehr diese Musik mir Kraft schenkte! Und mir fiel auf: Immer wieder trieben mir diese Lieder die Tränen in die Augen. Aber es waren nun andere Tränen, nicht mehr die des Schmerzes. Ich weinte, weil sie mir tief gut taten, mich so berührten, mir Kraft und Trost schenkten in dieser schwierigen Zeit.

Ich merkte: Ich ging gerade durch eine Wüstenzeit. Ich hatte mit Mutlosigkeit, Kraftlosigkeit zu kämpfen. Der Weg erschien mir mühsam, staubig, steinig. Am 7.8. hatte ich den Eindruck, dass Gott mir sagt, dass es mit einer Mail von Danny Plett noch dauern würde. Einerseits hatte ich dazu ein volles Ja. Er sollte die Zeit bekommen, die er braucht. Ich war Gott sehr dankbar, dass Er mich so behutsam auf diese Spur gesetzt hatte und diese Zeit wollte ich ihm auf jeden Fall auch zugestehen. Andererseits war mir auch klar: Ein baldiges Ja von ihm zu einer Veröffentlichung würde mich sicher sehr ermutigen! Aber vielleicht würde ich ihn das auch erst noch fragen müssen, ob er sich das Ganze vorstellen könne. Ich wollte mich nun nicht mehr bei ihm melden, sondern auf unseren Urlaub zu leben. Den brauchten wir alle sehr.

Ich freute mich über das Lied: „Denn der Herr, dein Gott ist bei dir, ein starker Heiland". Und ich dachte: Er freut sich an mir und daran, dass ich einer Veröffentlichung zugestimmt habe. Das tat mir gut.

Ja, ich befand mich auf einer Wüstenwanderung. Einiges kam zusammen: Wir weinten immer mal wieder über den Tod des Opas, einer befreundeten Familie aus der Gemeinde ging es sehr schlecht, eine seelsorgerliche Freundin war schwer krank, dann diese ständigen, kräftezehrenden geistlichen Angriffe des Feindes… Dieses Jahr war bisher für mich sehr tränenreich. Und mir wurde klar, dass ich das Lied „All unsere Tränen" von Danny Plett mit in mein Buch aufnehmen wollte. Immer wieder hörte ich es so gerne, tat es mir so gut!

All unsre Tränen[17]

> 1.*All unsre Tränen, all unser Leid, alle Bedrückung*
> *und Traurigkeit, all unsre Krankheit, Schmerz und*
> *Pein nahmst du auf dich, nur du allein.*

> 2.*Wenn Glaube schwindet und Zweifel nagt, das Herz ganz*
> *wund ist, es fast verzagt, dann findet Hoffnung, wer*
> *auf dich schaut, weil du uns liebst als deine Braut.*

> **Refrain:** *Denn du trugst unsre Trauer, teiltest unser Leid.*
> *Du hast uns von dem Bösen und seiner Macht befreit.*
> *Du hast uns rein gewaschen, die Schuld verziehn*
> *und deinen Kindern Kraft und Wert verliehn.*

Ich dachte, dass ich vielleicht nicht so sehr auf den steinigen Wüstenboden sehen sollte, sondern auf das, was Gott noch vorhat. Das Ziel glich eher einem fruchtbaren Garten, der grünt, der Liebesstrom Gottes fließt dort: das Buch, dass sicher

---

17 Plett, Danny / Kopfermann, Arne: „All unsre Tränen" Originaltitel: „For All Our Sorrows"; Text und Musik: Danny Plett; Deutscher Text: Arne Kopfermann © 2011 Gerth Medien Musikverlag, Asslar

viel Segen bringen würde! Ich wollte mich an die Hand des guten Hirten klammern und diesen beschwerlichen Weg weitergehen! Und ich fragte mich, ob ich nun wieder so weit wäre, auf die Wiese zu gehen, dem freien Kind in mir nachzuspüren. Ich wusste nicht, ob der Zeitpunkt dafür richtig ist, wollte es vielleicht einfach mal ausprobieren. Am 2.7. war ich zuletzt auf „meiner Wiese".

Dann kam eine weitere starke Entmutigung: Eine Bekannte sprach mich an, die äußerte, man müsste klären, ob eine Veröffentlichung wirklich Gottes Weg sei. Als ich ihr vieles erzählte, was ich erlebt hatte (sie kannte mein Zeugnis nicht), schien sie das nicht mehr wirklich anzuzweifeln. Aber ich merkte, dass ich mit einem Mal unsicher wurde: Hatte ich mich vielleicht doch geirrt, war das Ganze doch nicht Gottes Wille? Aber ich hätte doch niemals in der Gemeinde davon erzählt, wenn ich nicht wirklich hundert Prozent davon überzeugt gewesen wäre, dass das der Weg ist, den Gott möchte: eine Buchveröffentlichung! Ich fühlte mich elend! Der Vers schien mir aus dem Blick zu gehen: ... niemand kann die Tür schließen. Ich hatte stark den Eindruck, Satan wollte mich fertig machen, mir jetzt auch noch das nehmen, woran ich mich so hielt: die geöffnete Tür, die niemand schließen kann. Ich machte am 12.8. Lobpreis, floh darin in Jesu Arme, sang am Klavier „Weil du der Sieger bist" und „Steh ich heute auf" sowie noch weitere Lieder von anderen christlichen Musikern. Mir würde sicher eine positive Mail von Danny Plett gut tun, aber darauf wollte ich nicht warten. Ich wusste, ich müsste zu Jesus fliehen, Halt und Sicherheit bei Ihm suchen. Ich stellte mich, aber auch Danny Plett und unsere Familien unter den Schutz des Blutes Jesu. Ich wies im Namen Jesu die Lüge von mir, dass Gott doch keine Buchveröffentlichung will! Mit einem Mal kam mir ein Bild: Ich sah vor mir eine kleine Pflanze, die nach und nach zu einem großen Baum heranwuchs und viel Früchte trug. Ich betete, dass Gott diese kleine Pflanze „Buchveröffentlichung" hegt und pflegt, bis sie zu einem starken Baum herangewachsen ist, der viel Frucht bringt, viel Segen für andere Menschen. Ich ging in meinen Alltag zurück und fühlte mich gestärkt. Dieses Bild war für mich eine neue Bestätigung für dieses Projekt.

Ich dachte: „Es kommt nicht in erster Linie auf Danny Plett an, auch nicht, wie viele Beter es in der Gemeinde gibt, die das Ganze unterstützen. Es kommt nur darauf an, was der Wille Gottes ist! Sein Wille wird geschehen, völlig egal, wie sehr Satan tobt und das alles zu verhindern versucht. Jesus hat gegen den Feind gesiegt und wird immer siegen!" Daran klammerte ich mich. Ich wollte ja eigentlich am Anfang gar nicht so recht eine Veröffentlichung! Es war doch Gottes Wunsch! Er machte Seinen Wunsch Stück für Stück auch zu meinem. Ich schrie zu Gott, dass Er mir diese tiefe innere Sicherheit zurückgeben möge, dass es Sein Projekt ist, wenn es so ist. Ich bat Ihn darüber um neuen inneren Frieden, unabhängig davon, wann sich Danny Plett meldet. Mit einem Mal erinnerte mich Gott an den Vers aus Psalm 37,4: „Habe deine Lust am Herrn; der wird dir geben, was dein Herz wünscht."

Wir planten, am 23.8. für zwei Wochen in den Urlaub fahren, den ich jetzt auch sehr brauchte. Ich wünschte mir, dass ich noch vorher etwas aus Kanada hören würde, wollte es aber auch akzeptieren, falls das nicht geschehen sollte. Aber ich könnte natürlich den Urlaub ganz anders genießen, wenn Danny Plett einer Veröffentlichung vorher zustimmen würde, das war mir klar. Ich merkte, dass ich mich wirklich auf einer Wüstenwanderung befand. Es war viel Mutlosigkeit da, Kraftlosigkeit. Mir fiel ein Kärtchen von der Fastnachtsfreizeit auf. Darauf stand: Jesaja 58,11: „Der Herr wird dich immerdar führen und dich sättigen in der Dürre und dich stärken." Ja, auch das durfte ich erleben: Immer wieder stärkte Er mich durch Bibelverse, andere Menschen und auch weiter durch die Musik von Danny Plett. Ich ging in dieser Zeit richtig gerne ins Dachgeschoss auf „meine Wiese" und bewegte mich zu den fröhlichen Kinderliedern von ihm. Sie taten mir so gut, weil sie so lebendig und fröhlich sind! Das sprach mich sehr an, vielleicht gerade deshalb, weil es in mir gar nicht so froh aussah.

Immer wieder klammerte ich mich an Jesus, dem guten Hirten. Der Glaube gehört zur Waffenrüstung, die wir im geistlichen Kampf tragen sollen (Epheser 6,10ff.). Ich sprach meinen Glauben aus, dass eine Veröffentlichung Gottes Weg ist, hielt mich an dem Vers mit der geöffneten Tür fest und dachte an das ermutigende Bild von der noch kleinen Pflanze, die zu einem Baum mit vielen Früchten werden sollte. Ja, ich befand mich wirklich in einem Kampf! Und es strengte mich sehr an! Es war eine schwere Zeit! In dieser Zeit hörte ich so gerne die mutmachenden Lieder aus „Zukunft und Hoffnung", u.a. „Die auf den Herrn harren kriegen neue Kraft" und auch das schöne Lied „Die Augen des Herrn": Gott hört unsere Gebete; Er ist eine Feste zur Zeit der Not – wie wahr und wie tröstlich ist dieses Lied! Und natürlich das Lied, dass auch meine Kinder sehr lieben: „Meine Hilfe kommt vom Herrn".

Mitte August kam mir eine Bibelstelle in den Sinn aus Prediger 4,9.10.12: „So ist's ja besser zu zweien als allein; denn sie haben guten Lohn für ihre Mühe. Fällt einer von ihnen, so hilft ihm sein Gesell auf. Weh dem, der allein ist, wenn er fällt! Dann ist kein anderer da, der ihm aufhilft… Einer mag überwältigt werden, aber zwei können widerstehen, und eine dreifache Schnur reißt nicht leicht entzwei." Ich musste an meinen „Gesell" denken. Mir wurde klar, dass es mir inzwischen nicht nur um sein Einverständnis ging, seine Texte abdrucken zu dürfen, sondern auch darum, in dieser Sache nicht alleine zu sein, mich da auch von Danny Plett unterstützt zu wissen! Und es wäre sehr gut, auch unsere Ehepartner und Gemeinden hinter uns zu wissen!

Am 15.8. packte mich wieder eine starke Mutlosigkeit. Ich rief eine liebe Moms in Prayer Frau an, die diese ganzen Prozesse schon länger beobachtet hatte. Sie machte mir viel Mut! Sie sagte, sie sei davon überzeugt, dass Gott eine Veröffentlichung möchte. Das könne so viel Segen bringen, meinte sie; ich solle nicht aufgeben! „Gott ist da; Er ist deine Kraft; Er ist bei dir. Gib nicht auf!" So sprach sie mir Mut zu. Mir tat dieses Gespräch sehr gut. Es ist so gut, Geschwister in Jesus zu haben, die zu einem stehen und die durch Worte und Gebet durch schwierige Zeiten durchhelfen.

In unserer Familie war wieder Ruhe eingekehrt, aber in mir tobte der Sturm: Mutlosigkeit, Kraftlosigkeit, Zweifel und Unsicherheit sowie Traurigkeit über die ganze Situation nagten an mir und nahmen mir alle Freude an diesem so schönen Projekt. Das fand ich sehr schade und ich hoffte, dass sie wiederkommen würde. Und noch etwas fiel mir auf: Seit etwa Mitte Juli fühlte ich mich oft schlapp, müde, hatte ich wenig Appetit, fühlte ich mich körperlich schwach. Erst führte ich das auf die angespannte Situation zurück, dann aber wurde mir bewusst, dass ich das eigentlich schon kannte: Ich hatte vermutlich wieder das Problem, zu wenig Eisen im Blut zu haben. Bevor ich in die Arbeit bei Moms in Prayer im Jahre 2010 einstieg, hatte ich das auch, nur noch viel massiver. Ich hatte den Eindruck, der Feind wollte mich nun auch noch körperlich schwächen. Aber ich war sehr froh, dass ich das Problem erkannte und nun Eisen einnehmen konnte. Allerdings wusste ich aus Erfahrung, dass es viele Wochen dauern kann, bis es mir wieder gut geht! Ich brauchte nun Geduld und das Vertrauen, dass Gottes Kraft in mir mächtig ist (2. Korinther 12,9). Der Urlaub würde mir sicher sehr gut tun!

Nach dem Gottesdienst am 17.8. kam ein ermutigendes Gespräch mit einer Frau aus meiner Gemeinde zustande. Sie bestätigte meine Meinung, abzuwarten, mich erst mal nicht bei Danny Plett zu melden. Als ich Zuhause war, kam mir ein schönes Lied von ihm in den Sinn:

Dich vor Augen sehn[18]

Dich vor Augen sehn, einfach vor dir stehn. Ich will nah zu dir, weil du dich nach mir sehnst. Dich vor Augen sehn, einfach vor dir stehn, Herr, so soll es sein, denn ich folge dir allein.

Ob ich auf dem Gipfel steh oder durch tiefe Täler geh, Freude sich in Schmerz verwandelt oder Furcht dem Frieden weicht. Dich vor Augen sehn, einfach vor dir stehn. Herr, so soll es sein, denn ich folge dir allein.

Ja, in all dem wollte ich Jesus vor Augen sehen, nicht auf die Umstände blicken, die Wüstenwanderung, dass ich noch kein O.K. von Danny Plett habe, meine körperliche Schwäche, etc. Jesus im Blick haben – das wurde mir neu wichtig!

Und ich merkte: Ich gewann wieder diese Sicherheit zurück, dass Gott eine Veröffentlichung möchte! Das tat mir tief gut! Darüber war ich sehr, sehr dankbar! Ich freute mich! Mit neuem Schwung schrieb ich weiter. Und mir wurde bewusst, dass es vermutlich nicht mehr lange dauern würde, bis das Schreiben am Computer abgeschlossen sein würde. Ich wollte mich da weiter von Gott führen lassen.

---

18 Plett, Danny / Kopfermann, Arne: „Dich vor Augen sehn" Originaltitel: Always Jesus"; Text und Musik: Danny Plett; Deutscher Text: Arne Kopfermann © 2011 Gerth Medien Musikverlag, Asslar

An diesem Sonntag wurden mir zwei Bibelverse wichtig: „Was betrübst du dich, meine Seele und bist so unruhig in mir? Harre auf Gott, denn ich werde ihm noch danken, dass er meines angesichts Hilfe und mein Gott ist" (Psalm 42,6).

Und: „Die auf den Herrn harren, kriegen neue Kraft, dass sie auffahren mit Flügeln wie Adler, dass sie laufen und nicht matt werden, dass sie wandeln und nicht müde werde" (Jesaja 40,31). Mir gefällt die schöne Melodie, die Danny Plett dazu geschrieben hat (CD: „Zukunft und Hoffnung")!

Ja, das wollte ich tun: In allem auf Gott harren, auf Sein weiteres Wirken in Geduld warten und erst mal den Urlaub genießen.

Gott schenkte einen sehr schönen und vor allem erholsamen Urlaub zunächst in der Schweiz, dann eine weitere Woche im Allgäu. Er tat uns allen richtig gut. Ich war Ihm riesig dankbar für diese Zeit! Immer wieder betete ich für dieses Projekt, oft auch nachts, wenn ich sowieso wach war. Die Musik hörte ich in dieser Zeit nicht ganz so oft wie Zuhause. Als sich der Urlaub dem Ende näherte, bekam ich ein wenig Angst davor, wie alles weitergehen würde mit dem Thema „Buchveröffentlichung". Und ich war gespannt, ob sich Danny Plett inzwischen gemeldet hatte. Ich bat Gott um einen Bibelvers, der mir gut tun würde. Ich blätterte durch meine Bibel. Mein Blick blieb beim Psalm 37 hängen. Da fielen mir gleich drei Verse auf:

„Habe deine Lust am Herrn; der wird dir geben, was dein Herz wünscht" (Vers 4).
„Befiehl dem Herrn deine Wege und hoffe auf ihn, er wird's wohlmachen" (Vers 5).
„Sei stille dem Herrn und warte auf ihn" (Vers 7).

Ich blätterte weiter. Dabei stieß ich mehrmals auf das Wort „harren". U.a. las ich: „Das Warten der Gerechten wird Freude werden" (Sprüche 10,28) und: „Hoffnung, die sich verzögert, ängstet das Herz; wenn aber kommt, was man begehrt, das ist ein Baum des Lebens" (Klagelieder 3,25).Ich hatte den Eindruck, dass Gott mir damit sagen wollte, dass es noch dauern wird mit einer Reaktion aus Kanada. Das war für mich o.k. so. Außerdem hatte ich ja auch keine Langeweile. Ich wollte die Zeit nutzen, mit allem nach und nach wieder durchzustarten:

Frauenkreis, Moms in Prayer. Noch eine Woche Ferien, dann würde die Schule wieder beginnen.

Wir kamen am 6.9. gut Zuhause an. Am Sonntag wurde ich nach dem Gottesdienst von mehreren nach meinem Projekt gefragt. Eine weitere Person wollte, dass ich ihn auf meine Beterliste setze; all das freute mich. Wie von mir bereits erwartet, hatte ich keine Mail aus Kanada.

Der Alltag begann wieder. Und ich schrieb weiter, ging immer wieder ins Dachgeschoss. Das Bewegen und Tanzen tat mir so gut. Am 24.9.2014 beendete ich das Kapitel „Ist jemand in Christus". Ich fragte mich, ob ich mich bei Danny Plett mal melden sollte, hatte aber nicht den Eindruck, dass es richtig ist. Ich konnte nun im Großen und Ganzen das Schreiben über die Heilungsprozesse abschließen. Ich vertraute Gott, dass Er alles weitere führen würde; schließlich war es Sein Projekt. Am 25.9. informierte ich per Mail meine treuen Beter über den neuesten Stand des Ganzen. Immer wieder wurde ich in der Gemeinde angesprochen, ob es Neues gibt. Außerdem verlängerte sich meine Beterliste, was mich freute. Ich wartete weiter.

In den nächsten Wochen und Monaten lebte ich meinen normalen Alltag und betete viel für das Projekt. Immer wieder mal fragte ich mich, ob ich bei Danny Plett mal nachfragen sollte, ob er meine Arbeit gelesen hatte; ich wünschte mir eigentlich ein Feedback von ihm. Ich fragte mich, wieso nichts kommt. Als Lobpreispastor hatte er sicher viel zu tun, außerdem wusste ich, dass er ein Haus renoviert. Ich hätte gerne gewusst, ob Gott ihn nun auch auf die „Spur" einer Veröffentlichung stellt. Ich wusste es nicht. Vieles blieb im Dunkeln. Ich hatte lange Zeit von Gott her den Eindruck, dass ich warten sollte. Das war natürlich eine Herausforderung, da ich von mir nicht behaupten kann, die Gabe der Geduld zu besitzen!

Aber ich merkte, dass Gott da war in dieser Wartezeit. Einerseits gab es immer wieder Situationen und Gedanken, die mich entmutigen wollten. Andererseits sprach Er in dieser Zeit auch viel zu mir durch Predigten oder Bibelversen und machte mir dadurch Mut, Ihm zu vertrauen. Z.B.: „Er hat alles schön gemacht zu seiner Zeit" (Prediger 3,11). So sprach mich z.B. auch eine Fernsehpredigt von Joyce Meyer an, in der es ums Warten ging. Gott handle oft im Verborgenen. Wenn wir nichts sehen, hieße es nicht, dass nichts geschieht. Es gelte „am Ball" zu bleiben, sich nicht entmutigen zu lassen. Gottes Zeitplan sei oft ein anderer. Das Warten fiel mir nicht leicht, aber ich merkte, dass es mir letztlich auch gut tat. Zu Beginn der Überlegungen, ein Buch zu veröffentlichen, hatte ich oft den Eindruck, dass mir dieser „Schuh" eigentlich viel zu groß ist. Je mehr ich mich damit auseinandersetzte, darüber betete, umso mehr bekam ich das Gefühl, immer mehr in den „Schuh" hineinzuwachsen. Ich freute mich darüber. Gott bereitete mich darauf vor und nutze so für mich die Wartezeit. Vielleicht brauchte Danny Plett auch diese Zeit, darüber aber konnte ich nur spekulieren. Ich vertraute darauf, dass Gott es mir zeigt, wenn ich noch mal einen Schritt auf ihn zu machen sollte.

Insgesamt ging es mir eine Zeitlang recht gut: Die Eisenwerte waren im Oktober wieder normal; auch psychisch ging es mir wieder viel besser als im Sommer. Ich führte das auf meine treuen Beter zurück, die ich bis Ende des Jahres durch insgesamt 5 Rundmails informierte. Aber ich erlebte auch wieder und wieder, wie sehr das Ganze angefochten ist. Da war es wirklich gut, treue Beter zur Seite zu haben!

In den letzten drei Monaten des Jahres musste ich an insgesamt drei Trauerfeiern teilnehmen. Das war schwer für mich! Ende September starb meine ehemalige Seelsorgerin, die ich im Februar das letzte Mal gesehen hatte. Ende Oktober fuhren wir vier zu einer Abschiedsfeier nach Frankfurt. Nur 5 Tage später ging ich zu einer weiteren Trauerfeier. Eine Freundin von mir musste ihr neugeborenes Kind zu Grabe tragen, das nur einen Tag gelebt hatte. Es waren für mich schwierige Situationen, die viel Kraft und Tränen forderten. Aber mich begleitete wieder die Musik von Danny Plett; besonders einige Lieder aus „Zukunft und Hoffnung". Ich wusste gar nicht recht, wie ich das alles ausgehalten hätte, ohne den Trost dieser Musik! Auf dem Heimweg von der Beerdigung dankte ich Gott unter Tränen für diese Musik und den Musiker, der dahinter steht. Diese tiefe Dankbarkeit, die ich spürte, war für mich auch ein wichtiger Motor, das Ziel „Buchveröffentlichung" nicht aus den Augen zu verlieren, trotz Wartezeiten. Anfang Dezember starb ganz plötzlich ein 51-jähriger Familienvater aus meinem Bekanntenkreis an Herzversagen. An seinem Grab hatte ich ständig das Lied von Danny Plett im Kopf „Heaven Knows". Ich konnte nicht verstehen, wieso dieser

Mensch gestorben war. Der Gedanke tröstete mich sehr: Der Himmel weiß, Gott weiß, wieso; nichts ist vor Ihm ohne Sinn, auch wenn wir nicht verstehen, was geschehen ist. Mir tat die Melodie so gut; sie wirkte auf mich so tröstlich!

Danny Plett würde im Mai 2015 für eine Tournee nach Deutschland kommen, so stand es auf seiner Homepage. Meine Kinder und ich hofften sehr, dass wir an einem Konzert von ihm teilnehmen können. Ich legte dieses Anliegen in Gottes Hand.

Anfang Oktober wurde ich mit dem Aufschreiben der therapeutischen Prozesse fertig.

Nachdem mir lange Zeit klar war, ich sollte mich erst mal nicht in Kanada wieder melden, wurde mir Anfang November mit einem Mal deutlich, dass es doch richtig sein könnte, ihm eine Mail zu schreiben. Mein Wunsch war eigentlich, dass er auf die Idee einer Veröffentlichung kommen könnte und mich fragt, ob ich damit einverstanden bin. Das wäre für mich schön einfach gewesen und hätte mir nicht viel Mut abverlangt, dem freudig zuzustimmen. Aber vielleicht wollte ja auch Gott von mir, dass ich ihn frage?! Dieser Gedanke ging mir nicht mehr aus dem Kopf. Ich betete, sprach mit Rainer und einer Freundin darüber und schrieb am 6.11.2014 eine Mail nach Kanada. Ich teilte Danny Plett mit, dass es mich viel Mut kosten würde, ihm eine Frage zu stellen, ob er sich nämlich vorstellen könnte, dass ich das musiktherapeutische Tagebuch in einem (christlichen) Verlag veröffentliche. Ich schrieb ihm bewusst nicht, dass ich den Eindruck habe, das sei Gottes Wille. Ich wollte ihn da in keinster Weise beeinflussen! Mir war klar: Wenn Gott eine Buchveröffentlichung wirklich möchte, wird Er es ihm auch zeigen! Darauf vertraute ich. Anschließend informierte ich meine Beter im Rundbrief, dass ich Danny Plett nochmals geschrieben hätte. Puh, dazu brauchte es viel Mut; aber Gott schenkte ihn mir! Interessant war, dass es bei den Predigten von Joyce Meyer am 6. und 7.11. darum ging, Entscheidungen zu treffen, manche Dinge dürfe man nicht aufschieben. Irgendwie passte das! Vor einem hatte ich keine Angst: dass er die Frage mit Nein beantworten würde!

Im Oktober kam mir eine Idee: Danny Pletts Musik hatte uns das ganze Jahr begleitet, uns so gut getan! Nun hatte ich den tiefen Wunsch, ihm und seiner

Frau auch eine kleine Freude zu machen. Zusammen mit den Kindern und mit
Rainers Unterstützung bereiteten wir einen Adventsbrief vor. Er enthielt Weih-
nachtstee, Schokolade, eine Kerze zum Selber drehen, eine Karte sowie Streich-
hölzer für einen gemütlichen Abend zusammen mit seiner Frau. Die Kinder
wollten noch unbedingt einen Adventskalender basteln. Ariane schnitt kleine
Bäumchen aus, versah sie mit je einem Bibelwort und einem Wort der Ermutigung (z.B.: „Ich liebe deine Musik" oder: „Gott liebt dich, auch bei minus
40 Grad!"). Wir hatten viel Freude daran. Die schönste Idee, die uns kam, war,
dass die Kinder 3 Lieder von Danny Plett auf Flöte (Salina) und Klarinette
(Ariane) spielten. Sie spielten: „Du siehst die Wunden", „Wunder über Wunder"
und „Wer liegt in der Krippe". Nach einem Gottesdienst im November nahm
mein Mann sie in den Gemeinderäumen auf und bastelte noch eine CD-Hülle,
die die Kinder bemalten. So entstand ein sehr liebevoll gestalteter Brief, den wir
am 18.11. nach Kanada schickten. Wir hofften, dass er gut ankommen würde.
In den Medien war zu der Zeit von Schneechaos in den USA zu hören, Kanada
wurde dabei nicht erwähnt. Aber ich war doch etwas skeptisch, ob alles gut
ankommen würde. Auch da vertraute ich Gott: Wenn Er es will, wird es so sein!
Ich wusste, dass die Post ca. eine Woche bis Kanada brauchen würde. Etwa nach
dieser Zeit hatte ich einige Tage lang immer wieder ganz plötzlich auftretende
Unruhezustände, ohne erkennbaren Grund. Ich stellte mich unter den Schutz
des Blutes Jesu, dann ging es mir bald besser. Klar, dass der Feind die Idee mit
dem Adventsbrief sicher nicht gut fand. Ich schloss daraus, dass der Brief ihn
vermutlich erreicht hatte.

In der Nacht zum 4.12. wurde ich wach. Ich war niedergeschlagen, entmutigt.
Von Danny Plett hatte ich nun seit fast genau 5 Monaten nichts mehr gehört.
Die Trauerfälle, all das machte mir zu schaffen. Bisher hatte ich in aller Geduld
gewartet und Gott so gut wie nie gebeten, dass eine Antwort aus Kanada kommt.
Aber nun bat ich Ihn um eine positive Meldung noch vor Weihnachten. Am
nächsten Morgen ging ich zum Computer. Ich hatte am Vorabend eine Mail
von ihm bekommen. Er berichtete darin, er habe Besuch von einem wunderschönen Weihnachtsengel bekommen, der etwas gebracht habe, was riesengroße
Freude ausgelöst hätte: Tee, Schokolade, aber vor allem eine CD mit wunderschön gespielten Liedern, sogar von ihm geschrieben, von zwei Engeln musiziert
namens Ariane und Salina. Er habe vor lauter Freude mit seiner Frau getanzt.

Dazu schickte er ein lustiges deutsch-englisches Gedicht mit. Uns alle sprach diese Mail sehr an! Wir waren sehr dankbar, dass der Brief angekommen war und so viel Freude ausgelöst hatte! Mit einer so schnellen Gebetserhörung hatte ich nicht gerechnet; ich freute mich sehr!

Nun begann die Adventszeit und wir hörten seine wunderschönen Weihnachtslieder, die er selbst geschrieben hatte sowie bekannte Lieder, die er sehr warm und lebendig interpretiert.

Ende Oktober hörte ich Worte von Joyce Meyer, die mich schon damals ansprachen: Die Wartezeit könne auch mal schnell zu Ende sein. Wenn ihr das Gefühl habt, Gott tut nichts, tut Er vielleicht das meiste. Er wirkt, auch wenn ihr nicht genau wisst, was Er tut. Es gelte das Ziel nicht aus den Augen zu verlieren. Ihr seht Gott vielleicht nicht kommen, aber wenn Er da war, dann wisst ihr es. Manchmal ist das Warten ganz plötzlich zu Ende.

Daran musste ich denken, als nur wenige Tage später im Dezember, am 11.12., eine weitere Mail aus Kanada kam. Danny Plett teilte mir darin mit, dass er die Idee, mein musiktherapeutisches Tagebuch einem Verlag zu übergeben, sehr interessant findet. Er ermutigte mich, mein Manuskript bei Verlagen einzureichen. Außerdem bat er mich, ihm auch das gesamte Manuskript zuzusenden.

Ich freute mich sehr über seine Reaktion. In der Nacht konnte ich vor lauter Aufregung gar nicht schlafen. Gott hatte wirklich Humor: Nun war ich wegen der Veröffentlichung eines Buches mit der Musik von Danny Plett so aufgewühlt, dass ich wieder mal seine Musik brauchte, um überhaupt zur Ruhe zu kommen! Einen Tag später sendete ich meine komplette Arbeit per Mail nach Kanada, am 13.12. reichte ich das Manuskript zunächst bei einem Verlag ein. Nun galt es wieder zu warten, aber das kannte ich ja nun schon. Jetzt wollte ich erst mal Weihnachten feiern.

Mir wurde in diesen letzten Tagen des Jahres 2014 neu bewusst, wie sehr ich in diesem Jahr staunen durfte über Gott und Seinem Handeln! Wie wunderbar hatte Er alles geführt und geleitet! Und ich merkte: Ich war schon richtig gespannt, wie alles weitergeht, was die Veröffentlichung angeht und freute mich schon darauf! Für das nächste Jahr hatte ich noch einen Wunsch: Ich würde diesen hervorragenden Musiker, durch den Gott mich und meine Familie so stark gesegnet hatte, gerne mal persönlich kennenlernen.

Anfang Januar kam eine Absage von einem ersten Verlag. Ich war recht niedergeschlagen. Hatte ich mich verhört, will Gott doch keine Veröffentlichung? Wenn es nicht dazu käme, wäre das für mich prinzipiell kein Problem; aber Gott eventuell falsch verstanden zu haben – dieser Gedanke machte mir Not. Eine Freundin riet mir, mich an dem Vers mit der geöffneten Tür festzuhalten. Beim Blättern durch meine Bibel entdeckte ich den Vers aus 4. Mose 23,19: „Gott ist nicht ein Mensch, dass er lüge, noch ein Menschenkind, dass ihn etwas gereue. Sollte er etwas sagen und nicht tun? Sollte er etwas reden und nicht halten?" Ich teilte es Danny Plett mit, dass ich eine Absage bekommen hätte und dass ich weiteren Verlagen das Manuskript einsenden würde.

Am 27.1.2015 kam eine weitere Absage. Argument war vor allem, dass das Buch sehr persönlichen Charakter hat mit einem recht speziellen Thema und von daher eventuell die Leserschaft zu klein sei. Wieder war ich entmutigt, wollte mich aber an den Verheißungen festhalten, die Gott mir gegeben hatte, z.B. aus Psalm 37: „Habe deine Lust am HERRN, der wird dir geben, was dein Herz begehrt. Befiehl dem HERRN deine Wege und hoffe auf ihn, er wird es wohl machen. Sei stille dem HERRN und warte auf ihn." In einem Rundbrief informierte ich meine Beter und Interessenten für das Projekt. Wie froh war ich, mich da mitteilen zu können! In all den Höhen und Tiefen brauchte ich immer wieder Menschen, die mir Mut machten. Mir tat die Musik von Danny Plett weiter sehr gut! Aber ich musste auch erleben, dass ich geistlich angegriffen wurde. Ende Januar hatte ich zwei Tage lang den Eindruck, Satan wollte mir die Musik rauben. Durch das Gebet mit einer Freundin und das Fliehen in die Arme Jesu ging es mir dann aber schon bald wieder gut! Mir wurde auch klar:

Egal, ob es zu einer Buchveröffentlichung kommen wird oder nicht – diese Erfahrung der Heilung durch Gottes Wirken kann mir niemand mehr nehmen; darauf kommt es an! Und ich dankte Gott für die Musik.

Eine Bekannte riet mir, den Text nochmals zu überarbeiten, damit er fertig ist, wenn mal ein Verlag zustimmt. Mir wurde wichtig, Danny Plett zu bitten, nachzusehen, ob er sich eine Änderung von Textstellen wünscht, besonders dort, wo es um ihn und seine Musik geht. Mir sei es wichtig, schrieb ich ihm, dass er Freude an dem Buch hat und es gerne weitergibt. Außerdem bat ich ihn, eine Einleitung dazu zu schreiben. Diese Mail schickte ich Ende Januar nach Kanada. Mir war klar, dass er sicher viel zu tun hat, so recht kurz vor der Deutschland-tournee im Mai. Aber mir war es wichtig, ihn da mit einzubeziehen.

Von einem dritten Verlag bekam ich Anfang Februar eine Absage. Wieder packte mich die Entmutigung, aber ich hatte nicht den Eindruck, dass es richtig ist, aufzugeben. Ich hörte „Steh ich heute auf" und in letzter Zeit sehr gerne „Dich vor Augen sehn" – ja, das wollte ich, in allem Jesus vor Augen sehen. Ich betete viel. Seit ca. September weckte Gott mich fast jede Nacht. Ich war dann total wach und wusste, dass ich für das Projekt beten sollte. Das tat ich stets. Weil ich so viel im Gebet war, vertraute ich, dass Gott mich in allem führen würde. So entdeckte ich Anfang Februar, dass es Verlage gibt, die gegen Bezahlung Bücher veröffentlichen. Rainer sah sich einen näher an und stellte fest, dass dies durchaus eine realistische Möglichkeit für uns wäre. Auch darüber betete ich.

Eigentlich hätte ich mir gewünscht, dass Danny Plett auch in unserer Gemeinde ein Konzert geben würde. Nach einigen Gesprächen mit der Gemeindeleitung stellte sich dann aber heraus, dass das nicht klappen würde: Unsere Gemeinde feierte im April sein 20-jähriges Bestehen mit einer Festveranstaltung. Der Aufwand wäre für unsere recht kleine Gemeinde zu groß, eine weitere Veran-staltung nur kurze Zeit später zu planen und durchzuführen. So beschlossen wir, mit den Kindern in das Konzert nach Kandern zu fahren. Beide mögen sehr die Musik; Ariane hört seit einigen Monaten jeden Abend zum Einschlafen die CD „Dich will ich sehen". Wie sich noch herausstellen sollte, war es auch gut, dass ich nicht noch ein Konzert organisieren musste. Zu Anfang war ich etwas enttäuscht darüber, dass es kein Konzert bei uns geben würde, dann aber hatte ich bald ein Ja zu dieser Situation.

Im Januar bekam Rainer seine Hüftschrauben herausoperiert. Die hatte er im März 2013 nach einem Sturz bekommen. Damals hatte ich starke Verlassenheit-sängste, als ich wochenlang aufgrund des Krankenhausaufenthalts und anschlie-ßender Reha mit den Kindern alleine war. Ich war gespannt, wie es mir nun gehen würde, nachdem Gott so wunderbar Heilung und Veränderung geschenkt hatte. Wieder war er fast 4 Wochen bis zum 7. März weg; im Januar bereits 5 Tage. Diese Zeit war herausfordernd: Ich hatte über den gesamten Zeitraum den echten Grippevirus, auch noch, als er längst wieder Zuhause war (Kopf- und Gliederschmerzen und starke Schwäche), beide Kinder waren 3 Wochen krank. Wie wunderbar hatte Gott für uns gesorgt: Ich war in der Lage, mich um uns zu kümmern, musste aber sehr viel liegen und hatte ja keinerlei Unterstützung von meinem Mann. Das wunderbare war: Ich hatte fast keine Ängste und das, obwohl wir drei krank waren und die Situation deshalb erst recht schwierig war. Ich war Gott so sehr dankbar, dass Er im letzten Jahr so erstaunlich an mir gewirkt hatte und pries Ihn dafür! Wir waren wieder, wie auch im Vorjahr, bei der Fastnachtsfreizeit, diesmal ohne Rainer. Da es mir gesundheitlich nicht gut ging, fühlte ich mich nicht in der Lage, selbst Auto zu fahren. In der Losung stand: „Erkennet, dass der HERR Gott ist." (Psalm 100,3). Es gab dann doch eine Lösung: Eine Bekannte fuhr uns in das Gästehaus, eine andere nahm uns mit zurück. Mir machte dieses Erlebnis viel Mut bezüglich der Buchveröffentlichung: Wenn Gott etwas will, wird es geschehen, trotz Widerstände! Nichts und niemand kann das verhindern! Die Tage waren sehr gut und gesegnet! Ich hörte jeden Tag: „Wie unglaublich du bist". Ja, Gott hatte so viel in mir bewirkt, seit ich im letzten Jahr Februar dort war! Ich ging auch nochmals an den kleinen Fluss, an dem 2014 mit einem Mal die Hoffnungslosigkeit sich in mir breit gemacht hatte. Damals riss mich das Lied „Like A River" wieder heraus. Ich lobte Gott für Sein wunderbares Handeln an mir!

Auf der Freizeit betete ich viel und fragte Gott, was ich bezüglich der Buchveröffentlichung weiter tun sollte. Ich hatte ganz stark den Eindruck, erst mal nichts tun zu sollen, das Ganze ruhen zu lassen. Schon länger ging mir ein Gedanke nicht mehr aus dem Kopf; das brachte ich immer wieder Gott im Gebet. Dieser Gedanke ließ mich vermuten, dass das Buch noch nicht fertig geschrieben ist und ich es deshalb nirgendwo einreichen sollte. Erst nach der Tournee sollte ich den Rest schreiben und Gott nochmals fragen, wo ich das Manuskript einreichen sollte. Es eilte ja nicht. Ich hatte aber den Wunsch, dass es vor Weihnachten zu kaufen sein würde. Durch die lange Krankheitsphase bis ca. Mitte April war ich nun sowieso nicht in der Lage, mich um das Buch oder um ein Konzert in unserer Gemeinde zu kümmern! Aber eines konnte ich: Gott hatte mir im September gezeigt, ich sollte mein Englisch aufbessern. Das tat ich sehr viel in diesen Tagen der Krankheit: Englisch lernen. Nach ca. 30 Jahren, in denen ich fast kein Englisch gesprochen hatte, war natürlich vieles vergessen. Das hatte ich ja im Urlaub bestätigt bekommen, als wir bei jeder Mahlzeit mit einem Kanadier am Tisch saßen. Und ich begann, viel für die Tournee zu beten. Von Danny Plett hatte ich in diesem Jahr noch nichts gehört.

Auf der Freizeit hatte Gott mir ein Wort gegeben: „Ich will dich segnen und du sollst ein Segen sein" (1. Mose 12,2). Ich freute mich darüber. Das ist mein Wunsch: Dass Gott mich gebraucht und mich zum Segen werden lässt für andere!

Ich blickte zurück, dachte daran, wie wunderbar Gott mir innere Heilung geschenkt hatte: Ich spürte diesen Schmerz nicht mehr in mir, fühlte mich innerlich befreit und froh. Gott nahm mir diese tief in mir sitzende Verlassenheitsangst. Und ich merkte, dass ich emotionaler geworden war. Schneller als sonst, kamen mir Tränen, wenn mich Situationen berührten. Ich wurde noch einfühlsamer im Umgang mit anderen Menschen, lernte noch mehr mitzufühlen, empfand das als Bereicherung. Ich bekam die Menschen in den Blick, die ähnlichen Schmerz in ihrem Leben durchmachen mussten und wusste, dass ich ihnen Mut machen kann, sich auf Gott und Heilungsprozesse einzulassen. Und ich konnte bezeugen, dass Gott ein Gott der Heilung ist. Ich fühlte mich innerlich viel lebendiger, was mich in die Lage versetzte, zu tanzen. Bislang hatte ich keinen Zugang zum freien Tanzen. Die Musik half mir dabei. Das Ganze machte mich auch selbstbewusster. Ich verglich mich mit einem Schmetterling. Ich konnte nach diesen Heilungsprozessen mit einer anderen Leichtigkeit durchs Leben gehen; Lasten aus der Vergangenheit waren von mir abgefallen. Eine Buchveröffentlichung und das, was ich auf den nächsten Seiten noch schildern werde, wären ohne diese Heilungsprozesse im Vorhinein für mich gar nicht denkbar gewesen! Gott sei dafür gelobt und gepriesen!

Die Beziehung zu meinen Eltern ist weiterhin eine Herausforderung für mich. Aber auch da lerne ich Schritt für Schritt damit umzugehen. Dieser Weg der Heilung ist nicht abgeschlossen. Ich glaube, dass Gott bis zu unserem Lebensende in uns wirkt, uns in Sein Bild, das Er von uns hat, hinein verändert. Das ist gut so!

Eigentlich wollten uns meine Eltern im März besuchen. Das aber scheiterte daran, dass es meinem Vater gesundheitlich nicht gut ging und sie von daher dazu nicht in der Lage waren zu kommen. Außerdem war ich durch den Virus so geschwächt, dass ich mit einem Besuch völlig überfordert gewesen wäre. Im August ist ein Besuch bei meinen Eltern geplant.

Weiterer Auftrag

Im Herbst 2014 schlich sich mehr und mehr ein Gedanke in meinen Kopf: Vielleicht wäre es gut, dass ich die Tournee begleite, um während der Konzerte Zeugnis zu geben darüber, was ich mit Gott und der Musik erlebt hatte. Ich betete immer mal wieder darüber, wusste nicht, ob es sich dabei um Gottes Gedanken oder meinen handelte. Gleichzeitig blieb der Eindruck, ich solle mein Englisch aufbessern. Ich wusste aber, dass Danny Plett gut Deutsch versteht und ich deshalb eigentlich nicht Englisch zu lernen brauchte. Im Internet stand, er würde zur Tournee kanadische Musiker mitbringen, die – davon ging ich aus – vermutlich kein Deutsch sprechen. Ich ging diesem Impuls nach, meine Sprachkenntnisse aufzufrischen. Außer dass es mich Zeit kostete, konnte mir das ja nicht schaden; die Kinder würden davon ja auch profitieren, wenn ich ihnen in der Schule damit helfen könnte! Wie sich dann ja herausstellte, hatte ich in dieser so langen Krankheitsphase von Anfang Februar bis Mitte April auch die Zeit dazu! Mehrmals hatte ich zu Beginn des Jahres den Eindruck, dass Gott mir sagen wollte, dass es einen weiteren Auftrag für mich gibt, nicht „nur" eine Buchveröffentlichung. Immer wieder schenkte mir Gott mutmachende Bibelverse wie Josua 1,9: „Siehe, ich habe dir geboten, dass du getrost und unverzagt seist. Lass dir nicht grauen und entsetze dich nicht; denn der HERR, dein Gott, ist mit dir in allem, was du tun wirst." Eigentlich hatte ich eine wichtige Veranstaltung am ersten Maiwochenende, zu der ich fahren wollte. Da aber begann die Tournee von Danny Plett. Ich merkte, dass ich einfach kein Ja dazu fand, diese Veranstaltung wahrzunehmen; ich hatte den Eindruck, dass ich dort nicht hinfahren sollte. Wenn mir der Gedanke an eine Begleitung an der Tournee kam, haderte ich damit. Ich hatte nicht den Mut, mit mir fremden Menschen an drei Wochenenden etwas zusammen zu machen, auch nicht vor vielen Menschen auf einer Bühne zu sprechen, zudem noch über so persönliche Dinge! Jahrzehntelang fühlte ich mich nicht in der Lage, vor vielen (mehr als ca. 10 Menschen) zu reden! Ich sagte zu Gott, dass mir dieser „Schuh" zu groß sei. Dieses Bild vom

Schuh hatte ich immer mal wieder in diesem Zusammenhang zu Beginn des Jahres. Wenn Gott das wirklich wollte, musste Er in mir noch einiges bewirken. Ich blieb weiter mit Ihm darüber im Gespräch.

Dann geschah etwas Interessantes. Am 7.2. fuhr ich zu einem Lobpreistag in eine Nachbargemeinde. Mir wurde bewusst, wie steinig dieser Weg der Veröffentlichung ist, hatte ich doch in den vergangenen Wochen mehrere Absagen von Verlagen bekommen. Immer wieder stieß ich auf neue Schwierigkeiten, packte mich Mutlosigkeit. Mir wurde es richtig schwer ums Herz. Es bestand die Möglichkeit, sich segnen zu lassen. Diese Möglichkeit nahm ich wahr. Ich ging zu einer Person, die außer meinen Vornamen nichts von mir wusste. Ich betete vorher, dass Gott durch dieses Gebet zu mir sprechen möge. Dann betete dieser Mann, dass Gott mich auf diesem steinigen Weg begleiten möge, Er mir gutes Schuhwerk geben möge, mit stabilen Sohlen. Er betete, dass Gott große Steine wegnehmen möge und der Weg für mich gangbar sein möge. Mir liefen die Tränen! Unglaublich, wie Gott zu mir sprach, genau in meine Situation hineinsprach durch eine Person, die mich gar nicht kannte! Gott ist wirklich unglaublich! Mich hat das sehr berührt! Dann geschah noch etwas: Wir sangen das Lied „Zehntausend Gründe" (Komm und lobe den HERRN) von Jonas Myrin und Matt Redman . Dieses Lied hat für mich etwas sehr Tänzerisches, sehr Lebendiges, obwohl das Wort „tanzen" gar nicht vorkommt. Mit einem Mal zeigte mir Gott während diesen Liedes ein Bild: Ich sah einen Fuß, der in einem Schuh steckte. Dieser Schuh passte richtig gut, war nicht zu groß oder zu klein. Ich wusste sofort, was Gott mir damit sagen wollte: Zur Veröffentlichung hatte ich nun ein völliges Ja; dieser „Schuh" saß gut. Und mir wurde neu klar, dass Gott diese Veröffentlichung will! Und dann sah ich vor meinem inneren Auge einen weiteren Fuß in einem Schuh. Dieser Schuh passte nicht richtig, war zu groß! Mit einem Mal passte auch er und ich tanzte auf beiden Füßen mit Freude im Herzen zur Ehre Gottes. Auch dieses Mal wusste ich sofort, was Gott mir zeigen wollte: Zur Teilnahme an der Tournee hatte ich noch kein Ja, aber Gott wird das noch in mir bewirken, dass ich ein Ja bekomme. Ich freute mich über dieses Bild!

Drei Tage später bekam ich den echten Grippevirus, der sich wochen- und monatelang hielt. Ich sah das als einen geistlichen Angriff. Satan gefiel es nicht, dass Gott mich gebrauchen würde, mich zum Segen für andere setzen wollte! Ausgelöst durch dieses Bild wurde der Gedanke an eine Teilnahme an der Tournee immer stärker in mir. Ich schloss meine Beter der Rundmails mit ein, dass sie auch darüber beten sollten, ob das tatsächlich Gottes Weg für mich sein würde. Da war in mir eine gewisse Unsicherheit. Ich überlegte mir, ob es rein organisatorisch für mich überhaupt machbar sein würde. Es wären drei (verlängerte) Wochenenden; viel Urlaub müsste sich Rainer nicht nehmen. Sicherheitshalber hielt ich mir die 3 Wochenenden terminlich möglichst frei. Die Wochen der Krankheit nutze ich nicht nur zum Englischlernen, sondern auch zum Beten für die Tournee. Solch eine Veranstaltung braucht mit Sicherheit viel Gebet! Ich betete für Danny Plett, seine Familie und Team, aber auch für die Besucher der Konzerte, dass Gott sie anspricht, sie zu sich zieht und segnet durch diese Konzerte. Ich betete, dass, falls Gott meine Teilnahme möchte, ich gut ins Team passe, eine Bereicherung bin, Segen für andere sein darf. Immer mehr wuchs in mir eine Gewissheit darüber, dass Gott diese Teilnahme für mich möchte. Ich tat mich lange Zeit damit noch schwer, hatte Ängste und Befürchtungen, sprach mit Gott darüber. Innerlich wollte ich mich darauf verlassen, dass – wenn dies Sein Wille ist – Er auch bewirken wird, dass dieser „Schuh" passt. Ich hoffte, dass Gott dann dies auch Danny Plett zeigen würde. Wenn bei Ihm nichts unmöglich ist, kann Er Sein Anliegen auch Danny Plett offenbaren, ihm auch diese Idee ins Herz legen. So war mein Gedanke. Ich wollte nicht wirklich nachhelfen, mich nicht in Kanada melden! So begann ab etwa Ostern eine unruhige Zeit für mich. Ich hatte den Eindruck, dass der „Schuh" immer mehr passte, ich immer mehr ein Ja zu dieser Idee fand. Für mich war es letztlich so: Gott hatte zwei Aufträge für mich: Das Schreiben eines Buches und die Teilnahme an der Tournee, um dort Zeugnis zu geben. Und er bereitete mich innerlich vor, sodass ich letztlich ein Ja zu beidem haben würde. Dann war es auch (etwa im April) soweit: Ich sagte Gott im Gebet, dass ich das tun würde, ich bereit wäre, auch die Tournee zu begleiten. Ich merkte in mir: auch der zweite „Schuh" passte. Und so dachte ich, dass Danny Plett auf mich zukommen würde. Ich wollte zumindest nicht nachhelfen, wollte es als den entscheidenden Hinweis sehen, dass eine Tourneeteilnahme der Weg ist, den Gott für mich möchte. Vieles sprach für mich dafür, viele Mosaiksteine (Ich konnte hier nicht alles schreiben, da es sonst zu umfangreich werden würde!) ergaben dieses Bild für mich, dass Gott das so möchte. Nun wartete ich darauf, dass die entscheidende Tür sich öffnen würde, sich Danny Plett melden würde. Oder sollte ich auf ihn zugehen?

Ich betete viel, vor allem auch nachts, wollte mich von Gott in allem leiten lassen; Ihm Gehorsam sein. Schon länger hatte ich den Wunsch, wenn er schon mal in Deutschland ist, ihn mit seiner Frau zum Kaffeetrinken zu uns einzuladen. Seit Monaten hatte ich diesen Gedanken. Ich wäre einfach mal gerne mit diesem Musiker ins Gespräch gekommen über die Musik und dem von mir Erlebten, durch den Gott mich so reich gesegnet hatte. Ich betete darüber, ob ich ihn einladen sollte. Am 30.4. sollte die Tournee beginnen, am 19.4. schrieb ich ihm eine Mail und lud ihn ein. Das kostete mir schon viel Mut, aber ich hatte den Eindruck, dass das richtig war. Wenige Tage später schrieb er sehr nett zurück, dass die Zeit nur sehr knapp bemessen sei und es ihm zeitlich nicht möglich sei, zu kommen. Ich hatte dafür vollstes Verständnis. Und doch brachte mich diese Mail emotional völlig aus dem Gleichgewicht: Mir wurde klar: Für Danny Plett war es vermutlich nie ein Thema, dass ich Zeugnis gebe, sonst hätte er dies doch spätestens jetzt angesprochen! Es war ja nun sowieso schon kurz vor der Tournee! Mir ging es in den Wochen ab ca. Ostern nicht gut. Der Countdown lief. Immer mehr bezweifelte ich, dass das, was ich lange Zeit dachte, tatsächlich mein Weg war; das schien sich nun, kurz vor der Tournee zu bestätigen. Dass ich die Tournee nun nicht mitmachen würde, war gar nicht das Problem für mich! Dass, was mir große Mühe machte, war folgendes: Ich hatte den Eindruck – wie ja auch beim Buch – dass Gott es wollte, Er mich darauf vorbereitet hatte. Nun hatte ich dazu ein Ja, aber die entscheidende Tür, die sich dafür hätte öffnen müssen, blieb zu. Ich war verwirrt, unruhig, verstand Gott nicht! Wofür bereitete Er mich auf etwas vor, ich sage Ja und dann geschieht nichts. Emotional fuhr ich Achterbahn, betete viel, sprach mit anderen darüber! Klar, Gott ist mir keine Rechenschaft schuldig; Er ist Gott; Er braucht mir das nicht zu erklären! Aber ich haderte mit der Situation! Hatte ich denn Gott so falsch verstanden? Rainer gab zu bedenken, dass Gott vielleicht nur wissen wollte, ob ich bereit sein würde, diesen Weg zu gehen. Eines wollte ich nie: Danny Plett danach fragen oder es ihm anbieten, dass ich Zeugnis beim Konzert gebe; das stand für mich immer fest! Das Entscheidende sollte Gott einfädeln! Dann aber kam mir die Idee, ihn eines doch zu fragen: Am 3.5. sollte sein 4. Konzert, das er im Rahmen der Tournee gibt, in Kandern sein. Dafür hatte ich Karten besorgt. Ich teilte ihm ca. eine Woche vorher mit, dass ich mit meiner Familie zum Konzert kommen würde und wir uns ihm kurz vorstellen würden. Außerdem schrieb ich ihm, dass Gott mir in letzter Zeit gezeigt hätte, dass ich verstärkt Zeugnis geben solle, von dem, was ich mit Gott und seiner Musik erlebt hätte. Ich fragte ihn, ob er sich vorstellen könnte, dass ich in Kandern kurz Zeugnis geben würde. Ich fragte bewusst nur für dieses Konzert. Falls er daran Interesse hätte, möge er sich bei mir melden, damit man Genaueres per Mail absprechen kann. Er meldete sich nicht; damit hatte ich aber auch nicht mehr wirklich gerechnet. Aber ich fand eine solche Anfrage an ihn naheliegend, weil ich ja sowieso dort zum Konzert gehen wollte. Und ich musste ihm diese Frage stellen, zu groß war bei mir der Eindruck, dass Gott dieses Zeugnisgeben möchte!

Die Tage vor dem Konzert waren schwer für mich und drohten mir alle Freude darauf zu nehmen! Ich verstand Gott nicht! Ich hatte in den letzten Monaten seit Februar 2014 eine sehr enge Gottesbeziehung gelebt. Wollte Satan nun, dass ich verunsichert bin durch diese Situation, ich mich von Gott entferne?! Das wollte ich nicht zulassen! Ich wollte Gott weiter vertrauen, auch wenn ich Ihn nicht verstand! Dass es kein Konzert in unserer Gemeinde gab, er nicht zum Kaffee-trinken kam – da wusste ich, dass dies meine Wünsche waren. Schnell war eine erste Enttäuschung darüber wieder verflogen. Aber hier hatte ich doch lange den Eindruck, dass Gott dies so wollte; Er mich darauf vorbereitete. Nun hatte ich ein Ja dazu und dann wurde nichts daraus! Für mich war das ganz schwierig! Ich wollte in Seinem Willen leben; Ihm gehorsam sein. Aber was war Sein Wille? Es war wochenlang das Ringen in mir, das herauszufinden! Und es geschah noch etwas: Bereits im April, einige Zeit vor dem Konzert in Kandern, sah ich vor meinem inneren Auge nicht mehr das zweite Bein; es schien weg, wie ampu-tiert. Das machte mich traurig. Ich konnte auch das schöne Lied „Zehntausend Gründe" nicht mehr hören, ohne traurig zu werden.

Etwa eine Woche vor dem Konzert wollte ich nur noch eines; das sagte ich Gott immer wieder: Ich wünschte mir, dass ich trotz dieser emotionalen Achterbahn-fahrt, das Konzert genießen kann und dass wir mal kurz mit Danny Plett ins Gespräch kommen würden. Ich bat auch meine Rundmailbeter viel um Gebet für diese Begegnung. Ich war innerlich an den Tagen vorher sehr unruhig und aufgeregt; die letzten Wochen hatten mir viel Kraft gekostet und ich hatte Sorge, der Feind wollte mir nun auch noch die Freude an dem Konzert rauben. Es wurde viel gebetet; das war auch gut so! Ich war innerlich recht ruhig, als wir 4 mit noch einer Freundin zum Konzert nach Kandern fuhren. Wenn mich schwierige

Situationen erwarteten, hörte ich immer wieder bestimmte Lieder von Danny Plett, weil ich einfach merkte, wie gut sie mir taten. Ich musste schmunzeln, als ich quasi mit dem Lied „Steh ich heute auf" losfuhr und dann auch genau das sein erstes Lied war, das er sang. Es war ein schönes Konzert, das ich genießen konnte, trotz der inneren Unruhe in mir in den letzten Wochen. Ich war Gott sehr, sehr dankbar dafür! Und noch etwas Schönes geschah: Ariane hatte für Danny Plett ein Gedicht selbst geschrieben, das zum Ausdruck brachte, wie sehr sie seine Musik mag. Sie schrieb es auf ein kleines Plakat und rollte es zusammen. Salina hatte ihm einen Brief geschrieben. In der Pause gingen wir als Familie zu ihm. Die Kinder gaben ihm die Geschenke und wurden von ihm sofort in den Arm genommen. Er konnte sich gleich an den Brief in der Adventszeit von uns erinnern. Es entstand ein relativ langes Gespräch, auch über das Buch. Er riet mir, mir Zeit zu lassen. Ein Buch zu schreiben beinhalte Prozesse, die für einen selbst sehr wichtig sind. Diese beiden Sätze klangen noch eine Weile in mir nach; wurden mir wichtig. Außerdem sagte er, dass er alles lesen möchte, wenn es komplett fertig ist und dass er mir eine Einleitung zum Buch schreiben würde; das war mein Wunsch. Er verabschiedete sich mit Handschlag bei Rainer und mir und sagte, er habe sich gefreut, uns kennengelernt zu haben. Eine, wie ich fand, wertvolle Begegnung! Ich war Gott sehr, sehr dankbar dafür! Es war sicher wirklich gut, dass er einen Eindruck davon bekommen hatte, wer hinter dem Buch steht. Er hatte noch erwähnt, dass er das Buch nur zum Teil gelesen hätte. Ich konnte das gut verstehen: Er erzählte von einem Sterbefall im November, dann kam Weihnachten, Tourneevorbereitungen und ich weiß nicht, was sonst noch. Nach dem Konzert holten sich unsere Kinder noch ein Autogramm, ehe wir die einstündige Fahrt nach Hause antraten. Ich war innerlich tief froh über das Konzert und die persönliche Begegnung mit Danny Plett und dankte Gott. Recht bald kam ich im Bett zur Ruhe und schlief ein. Am nächsten Tag schrieb ich sofort eine Rundmail an meine Beter und Beterinnen und bedankte mich für alle Gebetsunterstützung.

Ich dachte an das zweite Standbein; das zweite Bein, das ich nun nicht mehr sehen konnte vor meinem inneren Auge. Irgendwie machte mir das Ganze schon noch Mühe! Ich zehrte von dem Konzert, freute mich darüber. Aber das andere nagte an mir. Wieso hatte ich mein Englisch aufgefrischt? Mein erster Impuls war: Alle Englischbücher weit wegzulegen. Dann aber dachte ich: Nein, wenn ich das tu, war erst recht alles umsonst; man vergisst so schnell die Vokabeln! Statt alles zur Seite zu legen, kaufte ich mir einen Fortgeschrittenenkurs und beschloss, hin und wieder daran weiterzuarbeiten, wenn auch nicht mehr so häufig wie sonst. Durch die Musik sind wir als Familie neugierig geworden auf Kanada. In den letzten Monaten haben wir uns schon häufiger mal gefragt, ob wir eventuell im Sommer 2016, dem Jahr, in dem ich 50 werde, dorthin reisen. Wir wollen darüber beten, sind aber prinzipiell interessiert. Auch deshalb macht es Sinn, mit Englisch „am Ball" zu bleiben. Ich habe viel für die Tournee gebetet, was ich in der Intensität vielleicht gar nicht getan hätte, wenn der Gedanke nicht für mich im Raum gestanden hätte, dass ich sie sogar mitmache. So entschied ich mich nach dem Konzert neu dafür, es als Auftrag von Gott zu verstehen, intensiv weiter für die Tournee zu beten, was ich auch in Treue tat. Ich hatte den Eindruck, Satan wollte mir allen Mut nehmen, wollte, dass ich alles in Frage stelle, was ich in letzter Zeit getan habe und bewirken, dass ich misstrauisch Gott gegenüber werde. All das wollte ich nicht zulassen! Ich blieb weiter nah bei Gott, sagte Ihm, dass ich vertrauen will, dass Er einen guten Weg mit mir hat, auch, wenn ich Sein Handeln nicht verstehen konnte. Gott lenkte in dieser Zeit immer wieder meinen Blick darauf, wie mutig Er mich gemacht hatte! Ich war immer sehr ängstlich, aber wenn ich bedenke, was ich in letzter Zeit alles getan hatte: Einem Musiker, mit dem ich vor dem 3.5.2015 noch nie geredet hatte so eine persönliche Arbeit zuzuschicken, ihn zum Kaffeetrinken einzuladen, ihn nach der Veröffentlichung zu fragen. Und nun kann ich mir inzwischen auch vorstellen, vor einer größeren Gruppe Zeugnis zu geben – all das kostet viel Mut! Gott hat wirklich Großes an mir getan!! Halleluja!!

Innerlich kam ich etwas mehr zur Ruhe, auch wenn ich manches nicht verstand. Meinen Betern der Rundmail schrieb ich in der zweiten Maiwoche, dass ich nun nichts mehr mache, auf unseren Urlaub Ende Mai zuleben wolle. Aber dann geschahen doch noch Dinge, mit denen ich nicht gerechnet hatte. Eine gute Freundin wies mich darauf hin, dass sie eine Freundin hat, die christliche Literatur Korrektur liest. Mit ihr nahm ich Kontakt auf. Ihr schickte ich ein Teil meines Manuskripts hin. Sie wollte es sich noch überlegen, ob sie ab August alles liest; die Korrektur macht. Außerdem wies sie mich auf einen christlichen Verlag hin, den man bezahlen muss. Diesen Tipp fand ich sehr wertvoll; ich würde einen christlichen Verlag bevorzugen. Und dann geschah noch etwas, was für mich eine große Bedeutung hatte: Rainer hatte in seiner Reha im Februar einen gläubigen Mann kennengelernt, den er gerne mal zu uns einladen wollte. Am 14.5., Christi Himmelfahrt, kam er uns mit seiner Frau besuchen. Wir kamen gut ins Gespräch miteinander. Irgendwie kam ich darauf zu sprechen, wie sehr Gott mich durch Musik gesegnet hatte und erzählte auch von der Buchveröffentlichung. Die Frau war sehr angesprochen, meinte, dass Musik sie auch immer wieder sehr berührt, war sehr an diesem Thema interessiert. Mit einem Male – ich hatte mit so einer Reaktion gar nicht gerechnet – fragte sie mich, ob ich mir vorstellen könnte, in einem speziellen Gottesdienst von diesen Prozessen der inneren Heilung zu erzählen, in Form eines Zeugnisses. Wir sprachen noch ein wenig darüber und ich merkte, dass ich die Frage eigentlich sofort mit Ja hätte beantworten können! Hatte ich nicht monatelang genau diesen Eindruck, dass Gott ein Zeugnisgeben vor größeren Gruppen möchte?! Ich hatte es stets mit der Tournee in Verbindung gebracht. Das stellte sich aber nicht als richtig heraus. Aber Gott hatte mich in all den Monaten darauf vorbereitet, dass ich ein Ja dazu fand, diese so persönliche Geschichte der Heilung durch Musik nicht nur durch ein Buch, sondern auch durch Zeugnisse vor einer größeren Gruppe weiterzugeben; zu Seiner Ehre und Ermutigung anderer Menschen. Ich staunte über Gott, war tief berührt!

Und es geschah noch etwas an diesem Himmelfahrtstag: Vor meinem inneren Auge erschien wieder ein zweites Bein; ein Stück davon. Vermutlich war dieses „Bein" nie weg, nur für mich nicht sichtbar! Vor kurzem wurde mir das Lied von Danny Plett wichtig, das auf einem Bibelvers beruht, dass Gott den glimmenden Docht nicht auslöschen würde. Eine Zeitlang schien aus meiner Sicht der Docht verloschen! Noch am Morgen vor diesem Besuch hörte ich unter Tränen das Lied „Zehntausend Gründe" und bat Jesus, dieses Bild, dass ER mir doch geschenkt hatte, wiederherzustellen, bat Ihn, dass Er schenkt, dass ich das zweite Bein wieder sehen kann. Und nun konnte ich das zweite Standbein wieder ahnen; der Docht brannte wieder oder war vielleicht nie verloschen! Ich überlegte, wo ich noch Zeugnis geben könnte. Im September haben wir eine Frauenfreizeit; das eignet sich sicher auch. Nun wollte ich erst mal darüber beten, über diese Einladung in diesen Gottesdienst im Kaiserstuhl und auch der Frauenfreizeit. Ich merkte, dass ich grundsätzlich dazu bereit bin. Ohne diese Gedanken an eine Tourneeteilnahme wäre ich mit Sicherheit zum jetzigen Zeitpunkt sehr zögerlich gewesen oder hätte sofort abgesagt!

Am nächsten Tag sprach ich in der Seelsorge darüber. Ich hatte nach vielen Monaten Pause vor, sie nochmals eine Zeitlang in Anspruch zu nehmen. Meine Seelsorgerin meinte auch: Durch diese Überlegungen mit der Tournee hatte ich ein Ziel vor Augen. Das hatte bewirkt, dass ich mich auf den Weg gemacht habe, durch Prozesse hindurch ein Ja dazu fand mit meinem Erlebten auch noch in anderer Form nach außen zu gehen. Nun hatte Gott das Ziel verändert. Aber diese Prozesse, die ich durchlaufen hatte, waren sehr wichtig für mich und gut! Nun konnte ich recht schnell sagen, dass ich offen dafür bin, Zeugnis zu geben.

Ich hatte in letzter Zeit immer wieder überlegt, ob ich das von mir zuletzt Erlebte überhaupt mit ins Buch hineinnehmen sollte. Es kam ja nun alles anders, als gedacht! Aber mir wurde dann deutlich, dass es richtig ist! Das habe ich immer wieder auch bei der Veröffentlichung erlebt: Vieles verlief völlig anders, als ich dachte, aber deshalb ja nicht unbedingt schlechter! Manchmal kam ich mir vor, als befände ich mich in einem Labyrinth: Mit einem Mal stand ich vor dem Ende eines Weges, ein anderer musste eingeschlagen werden. Das geschah immer wieder. Ich möchte auch nicht vermitteln, dass der Weg als Christ ein Weg ist, bei dem alles glatt läuft oder der leicht zu gehen ist. Gerade, wenn man im Gehorsam Gott gegenüber leben möchte, Seinen Willen erkennen und tun möchte, ist es oft nicht leicht! Gott malt nicht die Antworten zu unseren Fragen in den Himmel; das wäre schön einfach! Uns bleibt nur, ganz eng mit Jesus, dem guten Hirten, unseren Weg zu gehen, viel im Gebet zu sein. Ich denke, ein solches Ringen um das Erkennen des Willens Gottes kennen andere auch. Ja, es ist ein spannender Weg, mit Gott zu gehen! Und es ist ein guter Weg! Es lohnt sich, Ihm zu vertrauen!

Ich bin offen dafür geworden, Zeugnis auch vor größeren Gruppen zu geben und werde Gott fragen, in welchen Gottesdiensten, christlichen Veranstaltungen, vielleicht auch so etwas wie Frauenfrühstückstreffen ich das in Zukunft tun soll. Es ist dann ja auch eine Möglichkeit, auf mein Buch hinzuweisen, wenn es mal erschienen ist. Ich merke, dass ich innerlich neu zur Ruhe komme, der Friede zurückkommt. Ich hatte seit Monaten ein inneres Wissen darüber, dass ich mit dem Weiterschreiben des Buches bis nach der Tournee warten sollte. Nun wusste ich, wieso: Es gab noch etwas zu schreiben, wenn auch letztlich inhaltlich anderes, als was ich zunächst lange Zeit dachte. Aber das ist o.k. so für mich. Die Hauptsache ist, alles Schreiben geschieht zur Ehre Gottes und zum Segen für andere Menschen! Am 15.5. wusste ich mit einem Mal, dass ich weiterschreiben sollte. Ich tat das, am vorletzten Tourneetag von Danny Plett, am Samstag, 16.5. Ich schrieb die ganzen Prozesse auf, die sich auf den weiteren Auftrag bezogen. Zwischendurch betete ich für die letzten beiden Konzerte seiner Tournee. Schön, dass er mal wieder Deutschland besucht hatte und wir sogar mit ihm persönlich ins Gespräch kommen durften! Ich war Gott sehr dankbar dafür! Nach dem Konzert hatte ich ihm eine Mail geschrieben und mich bei ihm für das schöne Konzert bedankt. Außerdem gab ich ihm noch ein paar Infos zum Buch. Am 28.5. kam eine Mail von ihm zurück. Hier ein kurzes Zitat:

„Hallo Jutta,

es war wunderbar, dich und deine Familie in Holzen am Konzert persönlich zu treffen! Danke, dass ihr gekommen seid und unseren Dienst unterstützt habt. ...

Ich weiß selbst, wie schwierig es sein kann, wenn man mit einer Vision oder Leidenschaft für ein bestimmtes Projekt erfüllt ist und Rückschläge erlebt. Aber diese Rückschläge sind Mechanismen, die Gott gebraucht, um uns zu reinigen und unsere Arbeit zu verfeinern und verbessern. Arbeite weiter an dem Ziel, für das du berufen worden bist. Unser himmlischer Vater wird dich leiten und mit Kraft und den nötigen Ideen ausrüsten, die du brauchst. Ich wünsche dir Gottes reichen Segen!

Liebe Grüße,
Danny Plett"

Ich hatte mich sehr über diese so wohltuenden, ermutigenden Worte von ihm gefreut. Mir ist es sehr wichtig, dass er diese Buchveröffentlichung unterstützt, da es ja um seine Musik geht. Ich habe den Eindruck, dass das der Fall ist und freue mich darüber.

Es stellte sich heraus, dass das mit dem Lektorat dann doch nicht klappte. Also betete ich weiter um Führung an dem Punkt. Der Urlaub rückte näher. Aber in punkto Veröffentlichung passierte Mitte Mai dann noch etwas: Am 8.2., einen Tag, nachdem Gott mir das Bild mit den tanzenden Füßen gezeigt hatte, lernte ich bei einem Mittagessen in unserer Gemeinde eine Familie kennen, die noch nicht so lange in unsere Gemeinde kommt. Es ergab sich, dass wir über meine Buchveröffentlichung ins Gespräch kamen. Der Mann erwähnte, dass er den Leiter eines christlichen Verlages kennen würde. Mit ihm wolle er mal reden, ob dieser eventuell Interesse zeigen würde, mein Buch zu veröffentlichen. Bei mir war das Ganze in den letzten Monaten völlig in Vergessenheit geraten. Die Familie traf ich eine Zeit lang nicht mehr. Nun, am Pfingstsonntag, sah ich sie. Der Mann kam sofort auf mich zu und erzählte mir, dass der Leiter des Verlages prinzipiell Interesse geäußert hätte. Ich freute mich sehr und beschloss, nach dem Urlaub mit ihm in Kontakt zu treten. Ich hatte lange Zeit den Eindruck, ich sollte noch einen Mittelteil schreiben; das hatte ich nun getan. Erst dann sollte ich mit der Verlagssuche weitermachen. Und nun zeigte mir Gott einen weiteren – vielleicht ja den richtigen – Verlag! Ich freute mich, weil mir bewusst wurde, wie sehr Gott letztlich alles geleitet und geführt hatte! Und ich war gespannt, wie es weitergehen würde. Jetzt wollte ich mir in der ersten Juniwoche erst mal Nordseeluft um die Nase wehen lassen – nachdem das ja im letzten Jahr nicht geklappt hatte – und mal von allem abschalten!

Der Urlaub tat uns allen sehr gut. Weiter ging es mit der Verlagssuche. Aber auch der Verlag, auf den ich durch diese Familie gestoßen war, sagte ab. Zügig ging ich auf zwei weitere Verlage zu. Es war für mich immer sehr entmutigend, die Absagen zu bekommen; klar! Aber Gott machte mir danach durch verschiedenste Dinge immer wieder neuen Mut, weiterzumachen. Das geschah durch ermutigende Mails meiner Rundmailempfänger, durch Bibelverse oder Predigten oder durch Situationen wie die folgende: Mitte Juni kam eine Frau in meinen Frauenkreis zu Besuch, die erst wenige Male da war und der es gar nicht gut ging. Während ich Lobpreis machte, hatte ich die ganze Zeit den Eindruck, dass Gott mir zeigte, ich solle „Du siehst die Wunden" singen. Als ich das tat, brach diese Frau in Tränen aus. Mir war es, als wollte Gott zu mir sagen: „Jutta, ich brauche dieses Buch! Es gibt Menschen, die ich dadurch ansprechen will." Als eine Woche später wieder mal eine Verlagsabsage kam, musste ich an diese Frau denken. Ich wusste: Ich darf nicht aufgeben; ich muss weitermachen!

In dieser Zeit sprach Gott öfters zu mir durch das Lied von Danny Plett: „Ich steh zu dir"; aus dem Jahr 1993. Darin heißt es, dass, egal, was mir Sorgen macht, mich um den Schlaf bringt, mich unterkriegen will, in all dem gilt: Gott steht zu mir. Wie wohltuend zu wissen: Gott hält zu mir; Er steht zu mir; Ihm kann ich vertrauen! Manchmal ertappte ich mich bei dem Gedanken: „Jutta, freu dich an deiner Heilung, genieße die Musik und gut ist!" Am selben Tag hörte ich eine Predigt von Joyce Meyer zum Thema, dass Gott zerbrochene Herzen heilt. Sie wies darauf hin, dass, wenn wir Heilung erlebt hätten, dies nicht einfach nur genießen dürften, sondern davon anderen Menschen erzählen sollten. Ich verstand neu: Gott möchte, dass ich mit dem Erlebten Ihm zur Ehre und zur Ermutigung für andere nach außen gehe; davon berichte.

…und das nicht „nur" durch ein Buch! Ende Juni 2015 gab Gott mir mal wieder „Blitzgedanken" in den Kopf, die nicht wieder verschwanden. Es entstand die Idee, von dem, was Gott getan hatte, nach den Sommerferien in meinem Frauenkreis, zu erzählen. Mir gefiel die Idee, erst einmal vor einer nicht so großen Gruppe zu reden. Schnell kam ein weiterer Gedanke: Ich könnte einen Themenabend in unserer Gemeinde im Oktober anbieten, um zeugnishaft zu berichten, was Gott Wunderbares in meinem Leben getan hatte. Mir kamen am selben Tag schon viele konkrete Ideen dazu! Die nächsten zwei Wochen stellte ich ein Konzept zusammen. Ich betete für diese Dinge und merkte, dass Gott mir dazu noch Mut schenken muß. Aber ich hatte den Eindruck, dass Gott wollte, dass ich diese Schritte ging. Und mir merkte: Ich kann das zweite Bein wieder vor meinem inneren Auge sehen, das Gott mir im Februar gezeigt hatte und mir im Mai wie weggebrochen schien. Ich freute mich sehr! Ich wurde auch gebeten, auf der Frauenfreizeit unserer Gemeinde Ende September Zeugnis zu geben.

Im Sommer 2015 schickte ich mein Manuskript zu einem kleinen christlichen Verlag. Auch da kam eine Absage, aber auch ein wertvoller Hinweis: Ich solle den Buchverkauf kombinieren mit Veranstaltungen, ansonsten hätte ein unbekannter Autor kaum Chancen, es zu verkaufen. Das war ja genau das, was mir Gott ja auch immer wieder gesagt hatte! Und wieder ein Absage! Ich sagte zu Gott: „HERR, es ist DEIN Projekt! Wirke, handle du, leite alles, was kommt!" Ich war gespannt, was Gott tun würde! Und ich hatte weiter die tiefe Gewissheit, dass es zu einer Veröffentlichung kommen würde! Ich wusste nur nicht, wann und wie. Aber das war ja eigentlich auch nicht wichtig! Gott wusste es ja…!

Ende September erzählte ich auf der Frauenfreizeit unserer Gemeinde, bei der es um das Thema „Entscheidung" ging, wie es zu meiner Entscheidung für eine Buchveröffentlichung kam. Ich war recht aufgeregt, sprach vor 20 Frauen. Aber hinterher war ich sehr dankbar, diese Situation so gut gemeistert zu haben. Ende September fand die „Generalprobe" in meinem Frauenkreis für den Themenabend in unserer Gemeinde statt. Ich bekam sehr wohlwollende und hilfreiche Kritiken und fühlte mich gut vorbereitet für diesen Abend. Am 10. Oktober war es dann so weit. Unter dem Thema „Du siehst die Wunden und heilst mein Herz – Wie Gott mir durch Musik innere Heilung schenkte" hielt ich meine „Lesung mit Musik" in meiner Gemeinde. Vorher war ich sehr aufgeregt! Aber ich wusste, dass Gott sich das von mir wünschte! Und so gab ER mir letztlich auch den Mut und die Kraft dazu. Ich sprach vor 21 Menschen aus unserer Gemeinde und Freunden unserer Gemeinde. Ich sah in sehr aufmerksame Gesichter. Einige wirkten betroffen, bei manchen liefen auch Tränen. Hinterher bekam ich viel mutmachende Feedbacks. Eine Frau wurde in besonderer Weise angesprochen. Sie kam hinterher zu mir und bedankte sich sehr für die starke Ermutigung, die sie durch diesen Abend erhalten hatte. Eine andere Frau hatte ein Bild für mich: Sie sah ein Licht, dass unter einem Scheffel stand. Sie machte mir Mut, das Licht auf den Leuchter zu stellen, damit es für andere leuchten kann. Als ich an diesem Abend mit Rainer die Gemeinde verließ – er hatte die Technik gemacht (Musik eingespielt) – wusste ich tief in mir: dass ist das, was Gott möchte; ich soll auf Veranstaltungen von meinen Heilungsprozessen sprechen. Ich war noch innerlich aufgewühlt von dem Abend. Aber ich war auch hinterher tief froh: Für mich hatte sich dieses prophetische Bild vom Februar erfüllt: Ich sah vor meinem inneren Auge beide Füße in den Schuhen, die zur Ehre Gottes tanzten; beide Schuhe passten! HALLELUJA!!

In nächster Zeit wurde mir klar, dass ich auch in anderen Gemeinden davon erzählen soll. Aber zunächst informierte ich Danny Plett darüber und fragte ihn, ob er damit einverstanden ist. Mir war es ein sehr wichtiges Anliegen, in meinem Tun für ihn transparent zu sein; schließlich durchzieht seine Musik alles (Buch und Veranstaltungen) wie ein roter Faden. Ohne sein o.k. hätte ich keinen Frieden darüber, diesen eingeschlagenen Weg weiterzugehen! Mir wurde auch bewusst, dass Gott wollte, dass ich erst in meinem geistlichen Zuhause von all dem erzählen sollte, bevor ich hinaus gehe in andere Gemeinden. Ich gehe davon aus, dass ich ab 2016 bei z.B. Frauenfrühstückstreffen und anderen christlichen Veranstaltungen sprechen werde. Dazu brauche ich aber natürlich das Buch, um es verkaufen zu können sowie eine passende CD. Auch diesbezüglich nahm ich nochmals Kontakt auf zu Danny Plett.

Nach dem Themenabend wurde mir klar, dass ich wohl keinen Verlag finden würde. Das Thema ist einfach viel zu speziell! Ich würde mich nach einer Möglichkeit umhören müssen, das Buch drucken zu lassen. Ich informierte mich bei einer Druckerei in der Nähe, ließ einen Kostenvoranschlag machen für eine Auflage von 200 Stück. Ich bat Gott um Seine Führung und Leitung. Ich war wieder mal sehr dankbar für meine Beter. Inzwischen standen ca. 50 Personen auf meiner Rundmailliste aus 5 Bundesländern; eine Mail ging in die Schweiz. Durch die Rundmailkontakte ergab es sich, dass ich für 2016 bereits zwei Einladungen bekam, auf Veranstaltungen weiter weg von uns zu sprechen. Gott öffnete da bereits Türen! Genial!

Im Mai erfuhr ich bereits über eine Freundin von einem Verlag, der gegen Bezahlung Bücher druckt: Edition Wortschatz. Es ist ein Angebot des Neufeld Verlages. Dieser Verlag kam mir nun wieder in den Sinn.Mir wurde bewusst: Dieses so persönliche Buch möchte ich nur einem christlichen Verlag anvertrauen, was auf Edition Wortschatz zutrifft! So nahm ich im November 2015 Kontakt zu ihm auf. Inzwischen hatte ich sogar einen Lektor gefunden: Der Mann einer Moms in Prayer Frau – er ist Übersetzer für Englisch – stellte sich zur Verfügung; eine echte Gebetserhörung! Ich freute mich sehr!

Endlich: Nun hatte ich den Eindruck, vor der richtigen Tür zu stehen! Nach einer Reihe von Verlagsabsagen wusste ich tief in mir, dass Gott mir nun die Tür gezeigt hatte, durch die ich gehen sollte – Ihm sei Lob und Dank!! Es gab noch viel zu tun: Ich bat Danny Plett und meine Seelsorgerin um das Schreiben eines Vorwortes. Beide hatten mir das ja bereits zugesagt. Mein Lektor las das Buch, Korrekturen wurden vorgenommen, der Satz und der Umschlag des Buches musste gemacht werden. Es war viel zu tun. Ich kämpfte immer wieder mit Erschöpfung, Probleme mit den Eisenwerten, Mutlosigkeit, etc.. Auch die Mails nach Kanada waren immer wieder umkämpft! Das Ganze blieb angefochten.

Wie froh und dankbar war ich über meine Beter im Hintergrund! Angestrebt wurde eine Veröffentlichung im Frühjahr 2016.

Heute ist der 2.12.2015 und ich schreibe diese letzten Zeilen meines Buches, um es in den nächsten Wochen zum Drucken der Edition Wortschatz zu übergeben. Das zu Ende gehende Jahr war für mich sehr herausfordernd, schwierig, kräftezehrend und doch voller Segen und Staunen über Gottes Handeln! Er hatte alles ganz wunderbar geführt: Er hat mich in zwei Berufungen hineingeführt; das Veröffentlichen eines Buches und das Sprechen auf Veranstaltungen über diese Prozesse der inneren Heilung durch Musik. Durch die Rundmails hat ER ein wunderbares Netzwerk wachsen lassen, durch das mein Buch Verbreitung finden kann. Auch Veranstaltungen werden helfen, das Buch bekannt zu machen. Genial, wie Gott das alles gelenkt hat! Möge alles zu Seiner Ehre dienen und zum Segen für andere Menschen!

Ja, Gott ist wirklich unglaublich…!

Wie unglaublich du bist[19]

1. *Wie unglaublich du bist, voller Schönheit und wie kraftvoll dein strahlendes Licht. Hab ich Worte um dich zu preisen? Hab ich Lieder um dich zu ehrn?*

Wie unglaublich du bist, voll Erbarmen. Dass du einen wie mich lieben kannst. Hab ich Worte, um dich zu preisen? Hab ich Lieder um dich zu ehrn?

2. *Wie unglaublich du bist, Gott der Heilung. Durch die Tränen seh ich dein Gesicht. Hab ich Worte um dich zu preisen? Hab ich Lieder um dich zu ehrn?*

3. *Wie unglaublich du bist, voller Schönheit und wie kraftvoll dein strahlendes Licht. Hab ich Worte um dich zu preisen? Hab ich Lieder um dich zu ehrn?*

Refrain: *Du mein Vater, du mein Bruder, Tröster, treuer Freund. O, heiliger Gott. O, heiliger Gott.*

Ich liebe dieses Lied sehr und möchte es am liebsten auf Knien singen. Es beinhaltet so viel: Gott ist voller Schönheit, voller Erbarmen und – das ist mir ja besonders wichtig geworden – ein Gott der Heilung. Durch die vielen Tränen konnte ich Sein Gesicht sehen, dass voller Liebe auf mich sieht. Er ist mein himmlischer Vater, der viele mütterliche Züge hat, in Jesus mein Bruder, Tröster und ein Freund, der treu ist. Er ist da im finsteren Tal genauso – und da sogar vielleicht noch viel näher – als wenn die Sonne scheint und das Leben leicht erscheint. Er ist ein heiliger Gott. Und Er ist unglaublich, ein Gott zum Staunen, allein aller Anbetung würdig!

Gott schrieb in den letzten Monaten eine Geschichte der Heilung in meinem Leben. Ich durfte es erleben und aufschreiben. Das Entscheidende aber tat Gott: Er initiierte, führte und leitete alles. Ich danke Ihm aus tiefstem Herzen für diesen besonderen Weg der Heilung, den Er mit mir gegangen ist.

---

19   Plett, Danny: „Wie unglaublich"; Originaltitel: „How Amazing"; Text und Musik: Danny Plett; Deutscher Text: Arne Kopfermann © 2004 JANZ Musikverlag adm. by Gerth Medien, Asslar

Es war oftmals ein schwerer Weg, aber letztlich ein guter, voller Segen. Ich wäre heute nicht der Mensch, der ich heute bin, wenn Gott nicht so stark mein Leben geprägt hätte und an so vielen Punkten innere Heilung geschenkt hätte! Ihm gebührt alle Ehre! Und ich weiß, Er wird mit mir diesen Weg weitergehen, mich mehr und mehr in das freie innere Kind hineinwachsen lassen auf dem Weg zu einer gesunden Persönlichkeit. Ich weiß, ich werde immer mal wieder verletzt werden in meinem Leben, so wie auch ich immer mal wieder andere Menschen verletzen werde. Aber ich weiß, wo es Heilung und Vergebung gibt. Es ist gut, das zu wissen. Wir Menschen werden aneinander schuldig. Ich habe auch schon oft meine Kinder um Entschuldigung gebeten. Wir machen Fehler in der Erziehung – so ist das Leben. Aber ich bin froh zu wissen, dass auch meine Kinder zu Gott gehen können, um sich von Ihm dann wieder heilen zu lassen. Es tut gut, diese Gewissheit zu haben! Und es ist unendlich wertvoll, meine Kinder in die Gebete von mir und meinem Mann einhüllen zu können. Was Besseres können wir für sie nicht tun!

Liebe Leser dieses Buches: Ihr habt mich nun viele Monate durch das Jahr 2014 und 2015 begleitet, danke dafür. Manches Mal habe ich mich in meinen Äußerungen wiederholt, gerade da, wo es mir wichtig war, Dinge nochmals zu betonen. Gerade im Dachgeschoss in „meiner Ecke" liefen immer wieder vergleichbare Prozesse ab. Für mich war das wichtig.

Schließlich ging es um ein Umdenken, um ein „Umprogrammieren" von falschen Denkmustern. Beim Lernen spielt die Wiederholung eine wichtige Rolle. Ich hoffe, ich habe Euch dadurch nicht gelangweilt.

Es geht in diesem Buch um Musiktherapie und damit auch darum, wie Musik wirkt. Da wir alle sehr unterschiedlich sind, kann die Wirkungsweise sehr unterschiedlich sein. Z. B. bin ich innerlich sehr gut mit Musik von Danny Plett zur Ruhe gekommen, anderen gelingt dies bei klassischer Musik oder einer völligen anderen Musikrichtung. Das kann nur jeder für sich ausprobieren, was ihm gut tut. Wer sich näher damit auseinander setzen möchte, was Musiktherapie bedeutet, der kann sich mit den beiden – für einen Leihen gut lesbaren -Büchern am Schluss des Buches informieren.

Und doch war diese Zeit für mich sehr viel mehr als „nur" Musiktherapie. Es war eine ganz intensive Zeit mit Gott, die meine Beziehung zu Ihm sehr vertieft hat. Ich freue mich darüber und fühle mich von Gott dadurch reich beschenkt. Diese Zeit passt zur Jahreslosung von 2014: Dir nahe zu sein ist mein Glück (Psalm 73, 28). Ja, das ist wirklich Glück im tiefsten Sinne: Gott nahe zu sein! Es berührt mich sehr, dass ich Ihm so wichtig bin, dass Er diesen Weg der Heilung und Veränderung mit mir gegangen ist. Das macht mich tief froh.

Ich habe dieses Buch unter viel Gebet geschrieben.

Mit dieser Veröffentlichung habe ich ein paar wenige, aber mir sehr wichtige Ziele: Mit diesem Buch möchte ich Gott die Ehre geben. Ich wünsche mir sehr, dass Menschen, die Jesus noch nicht kennen, auf Ihn aufmerksam werden und sich mit ihrem Leben Ihm anvertrauen. Und ich möchte auf einen Gott aufmerksam machen, der innere Heilung schenkt und dazu Mut machen, sich auf Heilungsprozesse einzulassen. Das kostet manchmal viel Kraft und Mut, aber es lohnt sich, diesen Weg einzuschlagen und dabei immer ganz nahe bei Gott zu bleiben. Ich wünsche mir, dass Ihr durch das von mir Geschriebene reich gesegnet werdet und Euch an den schönen Liedern erfreuen könnt. Und es würde mich für Danny Plett sehr freuen, wenn seine wunderbare Musik viel bekannter werden würde. Es geht so viel Segen von ihr aus! Noch ein Tipp: Ich selbst höre Musik meist nebenher, z. B. beim Kochen, Bügeln, Autofahren, etc. Aber gerade bei dieser Musik habe ich oft gemerkt, dass man sich wirklich Zeit nehmen sollte, sie auf sich wirken zu lassen. Es geht zu viel verloren, wenn man sie nur so nebenbei hört.

An dieser Stelle möchte ich mich ganz, ganz herzlich bei Danny Plett für seine Musik bedanken. Sie hat so viel Heilung in mein Leben gebracht, mich immer wieder getröstet, mir Mut und Kraft geschenkt. Gott hat ihm da eine ganz wunderbare Gabe geschenkt. Ich bin tief dankbar für diese Musik; sie ist ein riesiges Gottesgeschenk für mich. Mir gefällt sehr die Art und Weise, wie die Lieder von ihm und seinen Musikern interpretiert werden. Klavierspielen ist noch lange nicht gleich Klavierspielen. Meiner Seele tut es richtig gut, wie Danny Plett spielt, mit viel Behutsamkeit, Wärme, Sensibilität; einfach nur schön! Ein ganz herzliches Dankeschön auch an seine hervorragenden Musiker: Sie sind wirklich spitze, mir gefällt es sehr, wie sie die Lieder begleiten! Ihr Spielen hat in so manche Dunkelheit der letzten Monate Licht gebracht und mir viel Kraft und Freude geschenkt. Ich hoffe, dass noch viele Menschen Freude an dieser Musik haben werden und durch sie reich gesegnet werden!

Außerdem möchte ich mich bei allen bedanken, die an diesem Buch mitgewirkt haben, in welcher Form auch immer. Je länger ich Christ bin, umso wichtiger wurde mir das Gebet. Herzlichen Dank an alle treuen Beter und Beterinnen, die dadurch das Projekt so wunderbar unterstützt haben. Mir tat es stets sehr gut, euch hinter mir zu wissen!

Am Ende dieses Buches soll die Anbetung unseres wunderbaren Gottes stehen: Gott ist groß, Schöpfer allen Lebens, himmlischer Vater, in Jesus der Gekreuzigte und Auferstandene, der lebt in Ewigkeit. Er ist Herr über alle Mächte und Gewalten. In Jesus ist Heil und Heilung. Er schenkt Leben, erfülltes Leben schon hier, wenn wir es mit Ihm leben und Leben in Seiner Gegenwart über diese Zeit hinaus, ewiges Leben. Ihm alleine gebühren aller Lob und alle Anbetung!

Im letzten Buch der Bibel ist davon die Rede, dass Gott für Seine Kinder einen neuen Himmel und eine neue Erde schaffen wird. Dort wird es dann kein Leid mehr geben, auch keine Tränen. Ich freue mich darauf…!

„Und ich sah einen neuen Himmel und eine neue Erde. Und ich hörte eine große Stimme von dem Thron her, die sprach: Er wird bei ihnen wohnen, und sie werden sein Volk sein, und er selbst, Gott mit ihnen, wird ihr Gott sein; und Gott wird abwischen alle Tränen von ihren Augen, und der Tod wird nicht mehr sein, noch Leid noch Geschrei noch Schmerz wird mehr sein; denn das erste ist vergangen. Siehe, ich mache alles neu!" (aus Offenbarung 21).

Anhang

Verwendete CDs (zum Teil vergriffen, aber alle Liedtitel als Download bei Gerth Medien erhältlich) von Danny Plett:

1. Wie ein Strom (2004)
2. Best Of Danny Plett (2006)
3. Komm zum Kreuz (2007)
4. Dich will ich sehen (2008)
5. Du siehst die Wunden (2009)
6. Wenn du nicht wärst (2011)
7. Zukunft und Hoffnung (Neuauflage 2013)
8. Noch mehr Bibelverse singend lernen (2013)
9. Bibelverse singend lernen (Neuauflage 2014)
10. Mein Herz lebt auf (2014)

Liederliste:

1. Du siehst die Wunden
2. Dich, Herr, will ich suchen
3. I Cry Aloud
4. In deinen Armen
5. Love With No End
6. Komm hin zum Kreuz
7. Wie ein Strom
8. Steh ich heute auf
9. Der Herr ist mein Hirte
10. O Guter Hirte
11. Fürchte dich nicht (Jesaja 43)
12. Im finstern Tal
13. Weil du der Sieger bist
14. Ist jemand in Christus
15. Darum jubel ich dir zu
16. Meine Hilfe
17. All unsre Tränen
18. Wie unglaublich

Links zum Reinhören und Bestellen der Lieder sind auf folgender Homepage: **www.schian.info**

Literaturliste:

Lutherbibel, revidierter Text 1984, durchgesehene Ausgabe © 1999, Deutsche Bibelgesellschaft Stuttgart

NGÜ: Neue Genfer Übersetzung

Herrnhuter Losungen, 2014

Hans-Helmut Decker-Voigt: Aus der Seele gespielt – Eine Einführung in die Musiktherapie, Goldmann Taschenbuch, 1991

Werner Kraus: Die Heilkraft der Musik – Einführung in die Musiktherapie, Verlag C. H. Beck, 3. Auflage 2011

Internetadressen:

Danny Plett: www.danny-plett.de

Teachbeyond (ehemals Janz-Team): www.teachbeyond.de

Moms in Prayer: www.momsinprayer.de

Stiftung Marburger Medien: www.marburger-medien.de

Evangeliumsrundfunk (ERF): www.erf.de

Adonia-Chor: www.adonia.de

Joyce Meyer: www.joyce-meyer.de

Gerth-Medien: www.gerth.de

Edition Wortschatz: www.edition-wortschatz.de

Neufeld Verlag: www.neufeld-verlag.de

Links zu allen Liedtitel: www.schian.info

FEEDBACK ZUM BUCH:

Wer mag, kann mir gerne unter folgender e-Mail-Adresse ein Feedback schicken: jutta.schian@gmx.de